京华通览

长城文化带

主编／段柄仁

长城艺文录

王岩／编著

北京出版集团公司
北京出版社

图书在版编目（CIP）数据

长城艺文录 / 王岩编著．— 北京：北京出版社，2018.3
（京华通览）
ISBN 978-7-200-13429-2

Ⅰ．①长… Ⅱ．①王… Ⅲ．①长城—文献—专题目录 Ⅳ．①Z88：K928.77

中国版本图书馆CIP数据核字（2017）第266410号

出 版 人　曲　仲
策　　划　安　东　于　虹
项目统筹　孙　菁　董拯民
责任编辑　于　虹
封面设计　田　晗
版式设计　云伊若水
责任印制　燕雨萌

《京华通览》丛书在出版过程中，使用了部分出版物及网站的图片资料，在此谨向有关资料的提供者致以衷心的感谢。因部分图片的作者难以联系，敬请本丛书所用图片的版权所有者与北京出版集团公司联系。

长城艺文录
CHANGCHENG YIWEN LU
王岩　编著

北京出版集团公司
北京出版社　出版
*
（北京北三环中路6号）
邮政编码：100120

网　　址：www.bph.com.cn
北京出版集团公司总发行
新 华 书 店 经 销
天津画中画印刷有限公司印刷
*
880毫米×1230毫米　32开本　6.375印张　130千字
2018年3月第1版　2022年11月第3次印刷
ISBN 978-7-200-13429-2
定价：45.00元

如有印装质量问题，由本社负责调换
质量监督电话：010-58572393

《京华通览》编纂委员会

主　任　段柄仁
副主任　陈　玲　曲　仲
成　员　（按姓氏笔画排序）
　　　　于　虹　王来水　安　东　运子微
　　　　杨良志　张恒彬　周　浩　侯宏兴
主　编　段柄仁
副主编　谭烈飞

《京华通览》编辑部

主　任　安　东
副主任　于　虹　董拯民
成　员　（按姓氏笔画排序）
　　　　王　岩　白　珍　孙　菁　李更鑫
　　　　潘惠楼

序

PREFACE

擦亮北京"金名片"

段柄仁

　　北京是中华民族的一张"金名片"。"金"在何处？可以用四句话描述：历史悠久、山河壮美、文化璀璨、地位独特。

　　展开一点说，这个区域在 70 万年前就有远古人类生存聚集，是一处人类发祥之地。据考古发掘，在房山区周口店一带，出土远古居民的头盖骨，被定名为"北京人"。这个区域也是人类都市文明发育较早，影响广泛深远之地。据历史记载，早在 3000 年前，就形成了燕、蓟两个方国之都，之后又多次作为诸侯国都、割据势力之都；元代作为全国政治中心，修筑了雄伟壮丽、举世瞩目的元大都；明代以此为基础进行了改造重建，形成了今天北京城的大格局；清代仍以此为首都。北京作为大都会，其文明引领全国，影响世界，被国外专家称为"世界奇观""在地球表面上，人类最伟大的个体工程"。

北京人文的久远历史，生生不息的发展，与其山河壮美、宜生宜长的自然环境紧密相连。她坐落在华北大平原北缘，"左环沧海，右拥太行，南襟河济，北枕居庸""龙蟠虎踞，形势雄伟，南控江淮，北连朔漠"。是我国三大地理单元——华北大平原、东北大平原、蒙古高原的交汇之处，是南北通衢的纽带，东西连接的龙头，东北亚环渤海地区的中心。这块得天独厚的地域，不仅极具区位优势，而且环境宜人，气候温和，四季分明。在高山峻岭之下，有广阔的丘陵、缓坡和平川沃土，永定河、潮白河、拒马河、温榆河和蓟运河五大水系纵横交错，如血脉遍布大地，使其顺理成章地成为人类祖居、中华帝都、中华人民共和国首都。

这块风水宝地和久远的人文历史，催生并积聚了令人垂羡的灿烂文化。文物古迹星罗棋布，不少是人类文明的顶尖之作，已有1000余项被确定为文物保护单位。周口店遗址、明清皇宫、八达岭长城、天坛、颐和园、明清帝王陵和大运河被列入世界文化遗产名录，60余项被列为全国重点文物保护单位，220余项被列为市级文物保护单位，40片历史文化街区，加上环绕城市核心区的大运河文化带、长城文化带、西山永定河文化带和诸多的历史建筑、名镇名村、非物质文化遗产，以及数万种留存至今的历史典籍、志鉴档册、文物文化资料，《红楼梦》、"京剧"等文学艺术明珠，早已成为传承历史文明、启迪人们智慧、滋养人们心灵的瑰宝。

中华人民共和国成立后，北京发生了深刻的变化。作为国家首都的独特地位，使这座古老的城市，成为全国现代化建设的领头雁。新的《北京城市总体规划（2016年—2035年）》的制定和中共中央、国务院的批复，确定了北京是全国政治中心、文化中心、国际交往中心、科技创新中心的性质和建设国际一流的和谐宜居之都的目标，大大增加了这块"金名片"的含金量。

伴随国际局势的深刻变化，世界经济重心已逐步向亚太地区转移，而亚太地区发展最快的是东北亚的环渤海地区、这块地区的京津冀地区，而北京正是这个地区的核心，建设以北京为核心的世界级城市群，已被列入实现"两个一百年"奋斗目标、中国梦的国家战略。这就又把北京推向了中国特色社会主义新时代谱写现代化新征程壮丽篇章的引领示范地位，也预示了这块热土必将更加辉煌的前景。

北京这张"金名片"，如何精心保护，细心擦拭，全面展示其风貌，尽力挖掘其能量，使之永续发展，永放光彩并更加明亮？这是摆在北京人面前的一项历史性使命，一项应自觉承担且不可替代的职责，需要做整体性、多方面的努力。但保护、擦拭、展示、挖掘的前提是对它的全面认识，只有认识，才会珍惜，才能热爱，才可能尽心尽力、尽职尽责，创造性完成这项释能放光的事业。而解决认识问题，必须做大量的基础文化建设和知识普及工作。近些年北京市有关部门在这方面做了大量工作，先后出版了《北京史》(10卷本)、《北京百科全书》(20卷本)，各类志书近900种，以及多种年鉴、专著和资料汇编，等等，为擦亮北京这张"金名片"做了可贵的基础性贡献。但是这些著述，大多是服务于专业单位、党政领导部门和教学科研人员。如何使其承载的知识进一步普及化、大众化，出版面向更大范围的群众的读物，是当前急需弥补的弱项。为此我们启动了《京华通览》系列丛书的编写，采取简约、通俗、方便阅读的方法，从有关北京历史文化的大量书籍资料中，特别是卷帙浩繁的地方志书中，精选当前广大群众需要的知识，尽可能满足北京人以及关注北京的国内外朋友进一步了解北京的历史与现状、性质与功能、特点与亮点的需求，以达到"知北京、爱北京，合力共建美好北京"的目的。

这套丛书的内容紧紧围绕北京是全国的政治、文化、国际交往和科技创新四个中心，涵盖北京的自然环境、经济、政治、文化、社会等各方面的知识，但重点是北京的深厚灿烂的文化。突出安排了"历史文化名城""西山永定河文化带""大运河文化带""长城文化带"四个系列内容。资料大部分是取自新编北京志并进行压缩、修订、补充、改编。也有从已出版的北京历史文化读物中优选改编和针对一些重要内容弥补缺失而专门组织的创作。作品的作者大多是在北京志书编纂中捉刀实干的骨干人物和在北京史志领域著述颇丰的知名专家。尹钧科、谭烈飞、吴文涛、张宝章、郗志群、马建农、王之鸿等，都有作品奉献。从这个意义上说，这套丛书中，不少作品也可称"大家小书"。

总之，擦亮北京"金名片"，就是使蕴藏于文明古都丰富多彩的优秀历史文化活起来，充满时代精神和首都特色的社会主义创新文化强起来，进一步展现其真善美，释放其精气神，提高其含金量。

2017 年 11 月

目录

CONTENTS

引 言 / 1

诗 词

汉、魏、南北朝时期 / 4
  胡笳十八拍（选二）/ 4
  饮马长城窟行 / 4
  白马篇 / 5
  代出自蓟北门行 / 6
  咏霍将军北伐 / 6
  出塞 / 6
  出自蓟北门行 / 7

唐、宋、金时期 / 7
  凉州词 / 7
  古从军行 / 7
  出塞 / 8
  使至塞上 / 8

关山月 / 8

北风行 / 8

蓟门行（五首选一）/ 9

燕歌行 / 9

使青夷军入居庸三首 / 10

白雪歌送武判官归京 / 10

秦州杂诗 / 11

雁门太守行 / 11

登长城 / 12

长城闻笛 / 12

边上闻笛 / 13

长城 / 13

长城 / 13

渔家傲·秋思 / 13

军中杂歌 / 14

书愤 / 14

过虎北口 / 14

古北口绝句二首 / 14

出居庸关 / 15

古北口 / 15

过居庸关 / 15

晚到八达岭达旦乃上 / 15

出八达岭 / 16

出居庸作 / 17

元时期 / 17

居庸叠翠 / 17

过居庸 / 17

妫川 / 18

榆林 / 18

居庸关 / 18

堠台 / 19

榆林古长城 / 19

度居庸关作 / 19

十八盘岭 / 20

过居庸关 / 20

过居庸关　至顺癸酉岁 / 20

古长城吟 / 21

居庸行 / 22

居庸铭 / 23

居庸行　赴上都道中作 / 23

明时期 / 24

居庸关 / 24

扈从巡边至宣府往还杂诗 / 24

再至居庸 / 25

榆河晓发 / 25

居庸关 / 26

寄元美 / 26

晚过居庸 / 26

上谷边祠 / 27

居庸关徐将军席上作 / 27

入居庸关 / 27

春日随驾北征次清河 / 27

早发清河 / 27

边词十二选二 / 28

居庸 / 28

岔道 / 29

八达岭 / 29

山海关城楼 / 29

龙潭 / 29

按视居庸 / 30

次横岭城 / 30

镇边城 / 30

火焰山九眼楼题诗二首 / 31

黄花镇 / 31

九日黄花镇 / 31

至黄花 / 32

居庸关 / 32

经长陵诣黄花 / 33

送人之黄花镇 / 33

咏黄花镇交松亭诗 / 33

黄花镇 / 33

玉关天堑 / 34

八达岭 / 34

岔道城北高台值雪 / 35

上谷歌 / 36

阅八达岭 / 36

登火焰山 / 36

巡靖安堡阅东河口新筑城台 / 36

古北口 / 37

古北口 / 37

潮河川曲 / 37

潮河川曲 / 37

石塘岭 / 38

清时期 / 38

古北口 / 38

古北口 / 39

古北口 / 39

古北口（二首）/ 39

居庸关二首 / 40

居庸关 / 40

回銮抵古北口 / 40

古北口 / 41

入居庸关 / 41

古北口中秋 / 41

旧九边诗蓟州 / 41

出居庸关 / 42

题古北口 / 42

望长城作 / 42

居庸关 / 42

密云道中望长城 / 43

古北口阅提标兵士 / 43

出古北口怀古 / 43

出古北口 / 44

古北口 / 44

出古北口即事 / 44

密云 / 45

再出古北口 / 45

居庸关 / 45

巡边 / 45

登八达岭 / 46

西出居庸关 / 46

百字令·度居庸关 / 46

出居庸关 / 47

登万里长城 / 47

过昌平城望居庸关 / 47

出塞 / 48

近现代时期 / 48
  嘉峪关前长城尽处远望 / 48
  长城词 / 49
  嘉峪关 / 49
  清平乐·六盘山 / 49
  沁园春·雪 / 49
  登大青山访赵长城遗址 / 50

碑碣·题刻

平谷长城石刻 / 52
  修莺嘴头烽墩记刻石 / 52
  修泉水山敌台记刻石 / 53
  "峨嵋山营"门额 / 54
  "镇虏营"匾额 / 55
  "北边雄镇"匾额 / 55

密云长城石刻 / 56
  修遥桥峪城堡完工刻石 / 56
  修密云新城刻石 / 57
  修曹家路黑谷关将军台寨石堡城刻石 / 57
  修大水峪敌台刻石 / 58
  万历三十年重修记刻石 / 58
  重修曹家路吉家营东门城楼刻石 / 59
  隆庆四年古北口修城记刻石 / 60
  修石塘路东水谷城堡刻石 / 61
  隆庆五年修古北口修城记刻石 / 62
  修曹家路黑谷关新城庄堡城刻石 / 63
  修石塘路大水峪五座楼敌台刻石 / 64
  修司马台长城东二台刻石 / 65
  修司马台长城东四台刻石 / 66
  修司马台长城西七台刻石 / 66

修司马台长城西十二台刻石 / 67

修司马台长城西十三台刻石（残）/ 68

"后白后浒沟五十二号台"石额 / 68

"后白鲇鱼顶五十三号台"石额 / 69

"遥桥峪堡"石额 / 69

吉家营城堡"镇远门"石额 / 69

吉家营城堡"吉家营城"石额 / 69

墙子路城堡"永熙门"石额 / 69

墙子路城堡"安边门"石额 / 70

关上城堡北门"墙子雄关"石额 / 70

白马关城堡南门"白马关堡"石额 / 71

密云明代戳印刻字砖文款识 / 71

怀柔长城石刻 / 73

西水峪修城记刻石 / 73

头道关西三楼修城记刻石 / 73

头道关东四楼记刻石 / 74

洼腰楼内修城记刻石 / 75

黄花城修城碑记刻石 / 76

小城峪东一楼修城记刻石 / 77

撞道口匾额 / 78

撞道口修城记刻石 / 78

渤海所衙门记功碑（碑阳）/ 79

渤海所衙门记功碑（碑阴）/ 85

大榛峪西大楼北侧修城记刻石 / 86

大榛峪口西一台修城记刻石 / 88

大榛峪西大楼修城记刻石 / 89

擦石口修城记刻石 / 90

玉石楼东第三楼修城记刻石 / 90

慕田峪敌台门额 / 91

慕田峪关匾额 / 91

慕田峪长城第十八号台界内界碑 / 91

隆庆三年修城记刻石之一 / 92

隆庆三年修城记刻石之二 / 92

隆庆三年修城记刻石之三 / 93

隆庆四年夏修城记刻石之一 / 94

隆庆四年夏修城碑 / 95

亓连关修敌台记刻石 / 95

莲花池修敌台记刻石 / 97

箭扣修城记刻石 / 98

亓连口修城记刻石 / 98

创建磨刀石敌台刻石摘记 / 99

沙岭西台修城记刻石 / 99

姚家庄台修城记刻石 / 100

黄花城修城记刻石 / 101

黄花路箭扣子修城记刻石 / 101

大榛峪修城记刻石 / 102

怀柔长城摩崖石刻 / 103

沙峪北沟摩崖石刻 / 103

"金汤"摩崖石刻 / 104

"天设金汤"摩崖石刻 / 105

"吏隐"摩崖石刻 / 106

昌平长城石刻 / 106

"房良口"摩崖石刻 / 106

延庆长城石刻 / 106

敕修居庸关碑 / 106

"察院题名记"碑 / 109

清水河分界碑 / 110

隆庆四年修城记刻石 / 111

化字西五号台修城记刻石 / 112

　　隆庆五年修筑长城碑 / 113

　　小张家口分修边墙题名碑 / 113

　　石佛寺修长城记刻石 / 115

　　万历十年修长城记刻石 / 116

　　"春防居庸路石峡峪工尾"刻石 / 117

　　"重修八达岭察院公馆"刻石 / 117

　　香屯分修长城题名刻石 / 118

延庆关隘城堡门额 / 119

　　"庸关"二字残门额 / 119

　　"居庸外镇"门额 / 120

　　"石峡峪堡"门额 / 122

　　"北门锁钥"门额 / 123

　　"川字一号"门额 / 124

延庆长城题诗碑 / 125

　　明徐永胤《登火焰山次韵六首》诗碑 / 125

　　明徐申《登火焰山漫题二首》诗碑 / 127

　　《四海冶城》诗刻石 / 127

　　《黑龙潭览胜》诗碑 / 128

门头沟区长城石刻 / 129

　　王平口城门重修碑记刻石 / 129

　　沿河口修城记刻石 / 129

　　沿河城守备府题名碑（残）/ 131

　　修黄草梁九号敌台刻石 / 132

　　修长城敌台刻石 / 133

　　斋堂城西门"辑宁"石额（残）/ 134

　　斋堂城东门"廓清"石额 / 134

　　"沿字拾伍号台"石额 / 134

　　"沿字拾叁号台"石额 / 134

文献、文抄

文 献 / 137

《大明一统志》/ 137

《隆庆志》/ 137

《西关志》/ 137

《延庆卫志略》/ 141

《日下旧闻考》/ 142

《光绪顺天府志》/ 146

《延庆州乡土志》/ 151

文 抄 / 152

请建空心台疏略 / 152

居庸关论 / 153

固藩篱壮国威以保治安民疏 / 154

东路志总论 / 156

南山志总论 / 157

怀隆兵备道题名记 / 158

宣镇东路舆图说 / 160

议处关外隘口以重屏蔽疏 / 165

极冲隘口恳乞圣明亟赐议处未尽事宜以足防守以保万全疏 / 167

《四镇三关志》序 / 170

《四镇三关志》序二 / 172

燕山勒功碑 / 174

说居庸关 / 179

后 记 / 181

引　言

长城，以其雄伟的气势和丰富的文化内涵，古往今来吸引了许许多多的骚人墨客、帝王将相、戍卒吏丞，黎民百姓等为之泼墨挥毫、讴歌咏唱，留下了大量诗文。这些诗文或描绘万里长城的雄风，或写戍边征战，或写关山行旅，或写怀念远人，或写兵民疾苦，或写悲欢离合等，题材十分广泛。文辞有的悲壮、有的缠绵、有的哀怨、有的欢欣、有的豪放……

长城诗词，在我国文学史上留下了极其光辉的一页。《汉书·贾捐之传》上有"长城之歌，至今未绝"，可见两千年前以长城为题材的诗歌已经不少了。汉末著名女诗人蔡琰（文姬）《胡笳十八拍》中的"夜闻陇水兮声呜咽，朝见长城兮路杳漫""杀气朝朝冲塞门，胡风夜夜吹边月"，生动地描写了她身临长城的切身感受。唐代长城诗歌更是异彩纷呈，如李白的"长风几万里，吹度玉门关"，王昌龄的"秦时明月汉时关，万里长征人未还""琵琵起舞换新声……高高秋月照长城",王维的"劝君更尽一杯酒,西出阳关无故人",高适的"校尉羽书飞瀚海,单于猎火照狼山",王之涣的"黄河远上白云间……春风不度玉门关"等。这些名句朗朗上口,千载传诵。古代的边塞诗人、边塞词人已经成了独树一帜的诗词流派。毛泽东的"天高云淡,望断南飞雁,不到长城非好汉""北国风光,千里冰封,万里雪飘,望长城内外,惟余莽莽,大河上下,顿失滔滔",更是把长城与壮丽的河山景色相结合,抒发了雄壮的革命情怀。古往今来,关于长城的诗词、文学作品之多何止千万!

碑刻、题刻是长城文化的重要组成部分。它们从不同角度真实地记录了长城修筑的历史背景、建造过程、建造时间以及人物等,为后人留下了认识和研究长城丰富而重要的实物资料。

历代关于长城的文献也是浩如烟海。明代的《大明一统志》《隆庆志》《西关志》,清代的《延庆州志》《延庆州乡土志》《日下旧闻考》等文献文抄,成为研究长城的重要文献。

长城,它所生发的千古流传的文学、艺术作品,是一座十分珍贵的文化艺术宝藏,无论对于我们今天文学、艺术的欣赏和借鉴,还是对长城历史的研究,都有重大的文化价值。

诗　词

可以说，自有长城以来，就有关于长城的诗词歌赋出现。秦汉以后，历朝历代都不乏见诸文史或言传口授的长城之歌。这些诗词歌赋不仅数量巨大，而且因其内容之丰富、艺术之高超、思想之深邃而堪称中华文化遗产中的菁华。

汉、魏、南北朝时期

胡笳十八拍（选二）

[东汉]蔡　琰

冰霜凛凛兮身苦寒，饥对肉酪兮不能餐。
夜闻陇水兮声呜咽，朝见长城兮路杳漫。
追思往日兮行李难，六拍悲来兮欲罢弹。

城头烽火不曾灭，疆场征战何时歇？
杀气朝朝冲塞门，胡风夜夜吹边月。
故乡隔兮音尘绝，哭无声兮气将咽。
一生辛苦兮缘离别，十拍悲深兮泪成血。

饮马长城窟行

[东汉]陈　琳

饮马长城窟，水寒伤马骨。往谓长城吏，慎莫稽留太原卒！
官作自有程，举筑谐汝声！男儿宁当格斗死,何能怫郁筑长城？
长城何连连，连连三千里。边城多健少，内舍多寡妇。
作书与内舍，便嫁莫留住。善事新姑嫜，时时念我故夫子！

报书往边地,君今出语一何鄙?身在祸难中,何为稽留他家子?
生男慎莫举,生女哺用脯。君独不见长城下,死人骸骨相撑拄?
结发行事君,慊慊心意关。明知边地苦,贱妾何能久自全?

白马篇

[魏]曹 植

白马饰金羁,连翩西北驰。借问谁家子?幽并游侠儿。
少小去乡邑,扬声沙漠垂。宿昔秉良弓,楛矢何参差。
控弦破左的,右发摧月支。仰手接飞猱,俯身散马蹄。
狡捷过猴猿,勇剽若豹螭。边城多警急,胡虏数迁移。
羽檄从北来,厉马登高堤。长驱蹈匈奴,右顾凌鲜卑。
弃身锋刃端,性命安可怀!父母且不顾,何言子与妻?
名编壮士籍,不得中顾私。捐躯赴国难,视死忽如归。

白马关堡

代出自蓟北门行

[南朝·宋] 鲍 照

羽檄起边亭,烽火入咸阳。征骑屯广武,分兵救朔方。
严秋筋竿劲,虏阵精且强。天子按剑怒,使者遥相望。
雁行缘石径,鱼贯度飞梁。箫鼓流汉思,旌甲被胡霜。
疾风冲塞起,沙砾自飘扬。马毛缩如猬,角弓不可张。
时危见臣节,世乱识忠良。投躯报明主,身死为国殇。

咏霍将军北伐

[南朝·齐] 虞 羲

拥旄为汉将,汗马出长城。长城地势险,万里与云平。
凉秋八九月,虏骑入幽并。飞狐白日晚,瀚海愁阴生。
羽书时断绝,刁斗昼夜惊。乘墉挥宝剑,蔽日引高旍。
云屯七萃士,鱼丽六郡兵。胡笳关下思,羌笛陇头鸣。
骨都先自詟,日逐次亡精。玉关罢斥候,甲第始修营。
位登万庾积,功立百行成。天长地自久,人道有亏盈。
未穷激楚乐,已见高台倾。当令麟阁上,千载有雄名。

出塞

[南朝·梁] 刘 峻

蓟门秋气清,飞将出长城。绝漠冲风急,交河夜月明。
陷敌抛金鼓,摧锋扬旆旌。去去无终极,日暮动边声。

出自蓟北门行

[南朝·陈]徐 陵

蓟北聊长望,黄昏心独愁。燕山对古刹,代郡隐城楼。
屡战桥恒断,长冰堑不流。天云如地阵,汉月带胡秋。
溃土泥函谷,授绳缚凉州。平生燕颔相,会自得封侯。

唐、宋、金时期

凉州词

[唐]王之涣

黄河远上白云间,一片孤城万仞山。
羌笛何须怨杨柳,春风不度玉门关。

古从军行

[唐]李 颀

白日登山望烽火,黄昏饮马傍交河。
行人刁斗风沙暗,公主琵琶幽怨多。
野云万里无城郭,雨雪纷纷连大漠。
胡雁哀鸣夜夜飞,胡儿眼泪双双落。

闻道玉门犹被遮,应将性命逐轻车。
年年战骨埋荒外,空见蒲桃入汉家。

出塞

[唐]王昌龄

秦时明月汉时关,万里长征人未还。
但使龙城飞将在,不教胡马度阴山。

使至塞上

[唐]王 维

单车欲问边,属国过居延。征蓬出汉塞,归雁入胡天。
大漠孤烟直,长河落日圆。萧关逢候骑,都护在燕然。

关山月

[唐]李 白

明月出天山,苍茫云海间。长风几万里,吹度玉门关。
汉下白登道,胡窥青海湾。由来征战地,不见有人还。
戍客望边邑,思归多苦颜。高楼当此夜,叹息未应闲。

北风行

[唐]李 白

烛龙栖寒门,光耀犹旦开。
日月照之何不及此?惟有北风号怒天上来。

燕山雪花大如席,片片吹落轩辕台。
幽州思妇十二月,停歌罢笑双娥摧。
倚门望行人,念君长城苦寒良可哀。
别时提剑救边去,遗此虎文金鞞靫。
中有一双白羽箭,蜘蛛结网生尘埃。
箭空在,人今战死不复回。
不忍见此物,焚之已成灰。
黄河捧土尚可塞,北风雨雪恨难裁。

蓟门行(五首选一)

[唐]高　适

黯黯长城外,日没更烟尘。
胡骑虽凭陵,汉兵不顾身。
古树满空塞,黄云愁杀人!

燕歌行

[唐]高　适

汉家烟尘在东北,汉将辞家破残贼。
男儿本自重横行,天子非常赐颜色。
摐金伐鼓下榆关,旌旆逶迤碣石间。
校尉羽书飞瀚海,单于猎火照狼山。
山川萧条极边土,胡骑凭陵杂风雨。
战士军前半死生,美人帐下犹歌舞。

大漠穷秋塞草腓，孤城落日斗兵稀。
身当恩遇常轻敌，力尽关山未解围。
铁衣远戍辛勤久，玉箸应啼别离后。
少妇城南欲断肠，征人蓟北空回首。
边庭飘摇哪可度，绝域苍茫更何有？
杀气三时作阵云，寒声一夜传刁斗。
相看白刃血纷纷，死节从来岂顾勋？
君不见沙场征战苦，至今犹忆李将军！

使青夷军入居庸三首

[唐] 高　适

匹马行将久，征途去转难。不知边地别，只讶客衣单。
溪冷泉声苦，山空木叶干。莫言关塞极，云雪尚漫漫。

古镇青山口，寒风落日时。岩峦鸟不过，冰雪马堪迟。
出塞应无策，还家赖有期。东山足松桂，归去结茅茨。

登顿驱征骑，栖迟愧宝刀。远行今若此，微禄果徒劳。
绝坂水连下，群峰云共高。自堪成白首，何事一青袍。

白雪歌送武判官归京

[唐] 岑　参

北风卷地白草折，胡天八月即飞雪。

忽如一夜春风来，千树万树梨花开。
散入珠帘湿罗幕，狐裘不暖锦衾薄。
将军角弓不得控，都护铁衣冷难着。
瀚海阑干百丈冰，愁云惨淡万里凝。
中军置酒饮归客，胡琴琵琶与羌笛。
纷纷暮雪下辕门，风掣红旗冻不翻。
轮台东门送君去，去时雪满天山路。
山回路转不见君，雪上空留马行处。

秦州杂诗

[唐]杜 甫

莽莽万重山，孤城山谷间。无风云出塞，不夜月临关。
属国归何晚，楼兰斩未还。烟尘一长望，衰飒正摧颜。

雁门太守行

[唐]李 贺

黑云压城城欲摧，甲光向日金鳞开。
角声满天秋色里，塞上燕脂凝夜紫。
半卷红旗临易水，霜重鼓寒声不起。
报君黄金台上意，提携玉龙为君死。

雁门关城楼

登长城

[唐]李 益

汉家今上郡,秦塞古长城。
有日云长惨,无风沙自惊。
当今圣天子,不战四夷平。

长城闻笛

[唐]杨巨源

孤城笛涌林,断续共霜砧。
夜月降羌泪,秋风老将心。
静过塞垒遍,暗入故园深。
惆怅梅花落,山川不可寻。

边上闻笛

[唐]杜 牧

何处吹笳薄暮天,塞垣高鸟没狼烟。
游人一听头堪白,苏武争禁十九年?

长城

[唐]胡 曾

祖舜宗尧自太平,秦皇何事苦苍生?
不知祸起萧墙内,虚筑防胡万里城。

长城

[唐]褚 载

秦筑长城比铁牢,蕃戎不敢过临洮。
焉知万里连云色,不及尧阶三尺高。

渔家傲·秋思

[宋]范仲淹

塞下秋来风景异,衡阳雁去无留意。四面边声连角起。千嶂里,长烟落日孤城闭。

浊酒一杯家万里,燕然未勒归无计,羌管悠悠霜满地。人不寐,将军白发征夫泪。

军中杂歌

[宋]陆　游

秦人万里筑长城,不如壮士守北平。
晓来碛中雪一丈,洗尽膻腥春草生。

书愤

[宋]陆　游

早岁那知世事艰,中原北望气如山。
楼船夜雪瓜洲渡,铁马秋风大散关。
塞上长城空自许,镜中衰鬓已先斑。
出师一表真名世,千载谁堪伯仲间!

过虎北口

[宋]韩　琦

东西层巘郁嵯峨,关口才容数骑过。
天意本将南北限,即今天意又如何?

古北口绝句二首

[宋]苏　辙

乱山环合疑无路,小径萦回长傍溪。
仿佛梦中寻蜀道,兴州东谷凤州西。
日色映山才到地,雪花铺草不曾消。
晴寒不及阴寒重,揽箧犹存未著貂。

出居庸关

[宋]汪元量

平生爱读书,反被读书误。今晨出长城,未知死何处。
下马古战场,荆榛莽回互。群狐正纵横,野枭号古树。
黑云满天飞,白日翳复吐。移时风扬沙,人马俱失路。
踌躇默吞声,聊歌远游赋。

古北口

[金]赵秉文

几家墟落兵戈外,数亩荒田谷涧中。
日暮围场来野鹿,令人长忆笔头公。

过居庸关

[金]宇文虚中

奔峭从天坼,悬流赴壑清。路回穿石细,崖裂与藤争。
花已从南发,人今又北行。节旄都落尽,奔走愧平生。

晚到八达岭达旦乃上

[金]刘　迎

车马两山间,上下数百里。萦纡来不断,奕奕似流水。
鲸形曲腰脊,蛇势长首尾。我行从其间,摇兀如病齿。
推前挽复后,进寸退还咫。息心同安分,尚气或被指。
徐趋自循辙,躁进应覆轨。行行非吾令,枊亦岂吾使。

八达岭长城

倦仆困号呼,疲牛苦鞭箠。钦如五更鼓,相庆得戾止。
归来幸无恙,喘汗正如洗。何以慰此劳,村醅正浮蚁。

出八达岭

[金]刘　迎

山险路已出,弥望尽荒坡。
风度日渐殊,气象惟沙陀。
我老倦行役,驰车此经过。
时节春已复,土寒地无禾。
行路不肯留,奈此居人何!
作诗无佳语,此代劳者歌。

出居庸作

[金]蔡 珪

乱石妨车毂,深沙困马蹄。
天分斗南北,人转日东西。
脚侧柴荆短,平头土舍低。
山花三两树,笑煞武陵溪。

元时期

居庸叠翠

[元]陈 孚

断崖万仞如削铁,鸟飞不度苍石裂。
满山枯木无碧柯,六月太阴飞急雪。
寒沙茫茫出关道,骆驼夜吼黄云老。
征雁一声起长空,风吹草低山月小。

过居庸

[元]吴师道

毡车正联络,怒辙奔春雷。
腾凌万马骑,暮绕龙虎台。

妫川

[元]李溥光

路旁蚬壳遍高原,沧海生桑复几年。
妫汭旧名疑尚尔,汉唐遗垒故依然。
断碑藓蚀有邻笔,尚醖香飘玉液泉。
千古无从穷往迹,螺山叠翠岭摩天。

榆林

[元]黄　溍

崇崇道旁土,云是古长城。欲寻长城窟,饮马水不腥。
斯人亦何幸,生时属休明。向来边陲地,今见风尘清。
禾黍被行路,牛羊散郊坰。儒臣忝载笔,帝力猗难名。

居庸关

[元]黄　溍

连山东北趋,中断忽如凿。万古争一门,天险不可薄。
圣人大无外,善闭非键钥。车行仅方轨,关吏频击柝。
击柝动成市,庐井互联络。幽龛白云聚,石蹬清泉落。
地虽临要害,俗乃近淳朴。政须记桃源,不必铭剑阁。
仆夫跽谓我,无为久淹泊。山川岂不好,但恐风雨恶!

堠台

[元]耶律柳稀

堠台道在有双草,五里邮亭露一斑。
主静往来常默默,惯经寒暑独闲闲。
西风人马行程远,落日牛羊去路悭。
土木无知人意重,前村残照不劳攀。

榆林古长城

[元]柳　贯

道德藩墉亿万年,长城一望朔云连。
秦人骨肉皆为土,汉地封疆已罢边。
饮马水深泉动脉,牧羝沙暖草生烟。
神京近在元冥北,万里开荒际幅员。

度居庸关作

[元]柳　贯

居庸朔方塞,始入两崖张。行行转石角,细路萦涧冈。
层壑倒天影,半林漏晨光。崎嵚里四十,所历万羊肠。
千辕络前后,两轨通中央。谷开稍夷旷,在险获康庄。
岂惟遂生聚,列廛参雁行。微流或矶砠,架广亦僧坊。
我生山水窟,爱此不能忘。是日新雨歇,浮岚乱沾裳。
水声与石斗,风飘韵清商。踊跻不知高,浮云翼超骧。

考牒曩有闻，经途今始详。缅惟古塞北，八州犹汉疆。
控扼识形势，会同知乐康。居兹景运开，六服连绥荒。
两京备巡幸，离宫发相望。守岳将考制，如初匪求祥。
式瞻龙德中，足征王业昌。请继王会图，勿庚祈招章。

十八盘岭

[元]周伯琦

车坊尚平地，近岭昼生寒。拔地数千丈，凌空十八盘。
飞泉鸣乱石，危磴护重关。俯视人寰隘，真疑长羽翰。

过居庸关

[元]周伯琦

崇关天险控幽燕，万叠青山百道泉。
绝壁云霞龛佛像，连塵鸡黍聚人烟。
炎凉顷刻成殊候，华夏于今共一天。
我欲登临穷胜概，西风五月信凄然。

过居庸关　至顺癸酉岁

[元]萨都剌

居庸关，关苍苍，关南暑多关北凉。
天门晓开虎豹卧，石鼓昼击云雷张。
关门铸铁半空倚，古来几多壮士死。
草根白骨弃不收，冷雨阴风泣山鬼。

居庸关长城

道旁老翁八十余,短衣白发扶犁锄。
路人立马问前事,犹能历历言丘墟。
夜来芟豆得戈铁,雨蚀风吹半棱折。
铁腥惟带土花青,犹是将军战时血。
前年又复铁作门,貔貅万灶如云屯。
生者有功挂玉印,死者谁复招孤魂。
居庸关,何峥嵘!
上天胡不呼六丁,驱之海外消甲兵。
男耕女织天下平,千古万古无战争。

古长城吟

[元] 郝 经

长城万里长,半是秦人骨。
一从饮河复饮江,长城更无饮马窟。

金人又筑三道城,城南尽是金人骨。

君不见,城头落日风沙黄,北人长笑南人哭。

为告后人休筑城,三代有道无长城。

居庸行

[元]郝　经

惊风吹沙暮天黄,死焰燎日横天狼。
巉巉铁穴六十里,塞口一喷来冰霜。
导骑局脊衔尾前,毡车辀辘半侧箱。
弹筝峡道水复冻,居庸关头是羊肠。
横拉恒代西太行,倒卷渤海东扶桑。
幽都却在南口南,截断北陆万古强。
当时金源帝中华,建瓴形势临八方。
谁知末年乱纪纲,不使崇庆如明昌。
阴山火起飞蛰龙,背负斗极开洪荒。
直将尺箠定天下,匹马到处皆吾疆。
百年一愦老虎走,室怒市危还猖狂。
遽令逆血洒玉殿,六宫饮泣无天王。
清夷门折黑风吼,贼臣一夜挈锁降。
北王淀里骨成山,官军城上不敢望。
更献监牧四十万,举国南渡尤仓皇。
中原无人不足取,高歌曳落归帝乡。
但留一旅时往来,不过数岁终灭亡。

潼关不守国无民，便作龟兹能久长。

汴梁无用筑子城，试看昌州三道墙。

居庸铭

[元]郝　经

国宅天都，高寒之区，居庸其枢兮。

辽右古北，阴幽沙碛，控带飞狐兮。

山连岭重，键闭深雄，巍巍帝居兮。

伊昔掣锁，金源败破，遂为坦途兮。

函谷一夫，百万为鱼，竟执哥舒兮。

思启封疆，备不可忘，祸生不虞兮。

寇不可玩，机不可缓，实为永图兮。

天险地险，莫如人险，兵力相须兮。

刻铭岩隅，用告仆夫，当戒覆车兮。

居庸行　赴上都道中作

[元]揭傒斯

　　昔我望，居庸南；今日出，居庸北。岩峦争吞吐，风水清且激。逶迟五十里，曲折殊未息。关门两向当天开，马如流水车如雷。荒鸡一鸣关吏起，列宿惨淡云徘徊。

　　山盘盘，石围围。山如龙，石如虎，龙怒欲腾虎欲舞。太行余势犹如许，昔不容单车，今马列什伍。圣人有道关门开，关门开，千万古。

明时期

居庸关

[明]梵 琦

天畔浮云云表峰,北游奇险见居庸。
力排剑戟三千士,门掩山河百二重。
渠答自今收战马,兜铃无复置边烽。
上都避暑频来往,飞鸟犹能识衮龙。

扈从巡边至宣府往还杂诗

[明]杨士奇

其一

北斗初高月未斜,五更清露净尘沙。
道边丛绕香炉立,多是耆人候翠华。

其二

居庸关中四十里,廻冈复岭度萦纡。
道傍石刻无人识,尽是前朝蒙古书。

其三

红叶离离净可书,绿渠流水见游鱼。
老臣虚拜貂裘赐,一路阳和护属车。

其四

山望鸡鸣势入云,下循仄径棘纷纷。
不辞涉险观遗碣,重是欧阳太史文。

其五

关外初冬似早春,僧房犹见菊花新。
时平扈从巡边塞,宣府回銮只二旬。

其六

怀来城外夜微雪,风轻送寒初着身。
平旦马前红一色,回军共试赐衣新。

再至居庸

[明]边 贡

塞口重关惬素闻,壑烟岚雨镇氤氲。
雄吞巨海山形断,秀压中原地脉分。
锁钥还思寇丞相,长城不用李将军。
倚窗时送东南目,双阙蓬莱五色云。

榆河晓发

[明]谢 榛

朝晖开众山,遥见居庸关。

云出三边外，风生万马间。
征尘何日静，古戍几人闲？
忽忆弃襦者，空惭旅鬓斑。

居庸关

[明]谢　榛

控海幽燕地，弯弓豪侠儿。
秋山牧马处，朔塞用兵时。
岭断云飞回，关长鸟度迟。
当朝有魏尚，复此驻旌旗。

寄元美

[明]李攀龙

渔阳烽火暗西山，一片征鸿海上还。
多少胡笳吹不转，秋风先入蓟门关。

晚过居庸

[明]李　贽

重门天险设居庸，百二山河势转雄。
关吏不闻占紫气，行人或共说非熊。
湾环击水马蹄涩，回复穿云月露融。
燕市即今休感慨，汉家封事已从容。

上谷边祠

[明]陈子龙

险到居庸地脉分,何须常戍羽林军?
关门夜抱千峰月,陵墓春生五色云。

居庸关徐将军席上作

[明]郑 珞

关入居庸险,城临北斗悬。龙琴乐宴调,虎帐集群贤。
爽气来山雨,秋声漱峡泉。醉余望双阙,遥倚五云边。

入居庸关

[明]应云鸑

百二真天府,乾坤别一家。双泉萦凤阙,叠翠枕龙沙。
戍鼓遥空出,人烟两岸斜。请缨谁氏子?搔首惜年华。

春日随驾北征次清河

[明]金幼孜

万乘统元戎,鸣銮出九重。暖尘生辇路,晴雪照行宫。
旗影西山外,笳声落照中。书生怀脱略,须敌万夫雄。

早发清河

[明]金幼孜

海色正苍凉,龙旗拂曙光。彤戈寒映日,羽箭薄凝霜。

城阙云中近，关山笛里长。天兵随杀气，万里扫欃枪。

边词十二选二

[明] 金幼孜

暮冬寒凛冽，出口唾成冰。肌肉愁风割，须髯苦雪凝。
边声吞鼓角，战火接园陵。向夕庵庐宿，凄然泪满膺。

积冰千万里，北极是寒门。八月黄榆尽，三春白草繁。
无衣凭戍火，不守惜边垣。处处开横帐，笳声梦里喧。

居庸

[明] 金幼孜

其一
险绝太行北，居庸第八陉。长城横塞白，叠嶂逼天青。
未可凭飞将，何当弃大宁。宣辽中路断，此地岂藩屏。

其二
崖石争盘束，羊肠不可攀。塔留番字古，城设汉军闲。
小作弹琴峡，微闻纳款关。中华无锁钥，辜负万重山。

其三
岭出居庸上，窥关若井中。水声千尺落，林响万山同。
地许孤城扼，天教一骑通。悲风吹不尽，战血染沙红。

其四
北口连南口，双峰壁立多。峡山迷一线，陉水阻重河。

间道松林在,潜军半夜过。由来天险地,容易倒前戈。

岔道

[明]金幼孜

八达资屏障,秋来鼓角雄。上都西路出,延庆北门通。
马渴衔冰乱,狼惊入草空。宣宗游猎地,不与四楼同。

八达岭

[明]金幼孜

俯视神京近,居庸若建瓴。出关愁草白,入塞喜山青。
千帐牛羊绕,诸陵雨雪扃。元人南北口,此岭作藩屏。

山海关城楼

[明]戚继光

楼前风物隔辽西,日暮凭栏望欲迷。
禹贡万年归紫极,秦城千里静雕题。
蓬瀛只在沧波外,宫殿晓瞻北斗齐。
为问青牛能复度?愿从仙吏授刀圭。

龙潭

[明]戚继光

紫极龙飞冀北春,石潭犹自守鲛人。
风云气薄河山迥,阊阖晴开日月新。

三辅看天常五色，万年卜世属中宸。
同游不少攀鳞志，独有波臣愧此身。

按视居庸

[明]王士翘

天造居庸险，关开绝壁城。
重门垂锁钥，夹水布屯营。
立马山河壮，登坛虎豹明。
一夫当此塞，万里却胡尘。

次横岭城

[明]王士翘

经略西关日，驱驰横岭巅。
采薇开庶食，凿井及蒙泉。
甘苦还谁共，焦劳我自先。
军中韩范老，振古独筹边。

白龙潭戚继光诗拓片

镇边城

[明]萧祥曜

天险何年凿，纡迴路莫寻。
马从三岛度，人在半天行。
烽火隔云见，柝声带雨勤。
我来惭肉食，无裨戍军贫。

火焰山九眼楼题诗二首

[明]徐 申

其一

天际丹梯拱帝州,高台插汉眺燕幽。
风云北极凭栏动,星斗西垂倚剑流。
龙啸层巅朝雨霁,虹垂大漠夕阳收。
幸簪白笔巡行暇,暂向青山记胜游。

其二

晓霁扬兵紫气重,振衣一上最高峰。
树从碣石晴霞绕,酒近华阳彩雾封。
双阙长风吹薜荔,九陵明月挂芙蓉。
群公鸣佩山云起,仿佛相携尘外踪。

黄花镇

[明]李梦阳

往年趋北路,今绕泰陵西。昼夜垂萝密,山青禁木齐。
独僧攀杪出,怪鸟趁阴啼。寂寞黄花堞,遥临古塞溪。

九日黄花镇

[明]李梦阳

黄花遇九日,风雨不逢花。水涌石梁断,溪吞山郭斜。
将军午宴客,欲醉忽闻笳。困苦墩楼卒,经年谁见家。

黄花城长城

至黄花

[明]李梦阳

黄花城压岑,山合昼多阴。坐见五陵雾,来了九月霖。泥生剑戟涩,寒重鼓鼙沈。寂寞松林外,那传孤雁音。

居庸关

[明]李梦阳

天设居庸百二关,祁连更隔万重山。

不知谁放呼延入?昨日杨河大战还。

经长陵诣黄花

[明]李梦阳

沙岭群峰会,黄花一径穿。临崖防马骇,枯木有蛇悬。
锁钥关门壮,星辰陵阙连。旧驱征战地,得失岂皇天。

送人之黄花镇

[明]王嘉谟

玉陛三辰旆半斜,将军亲逐李轻车。
黄云随马新乘障,白草连城自建牙。
地接三韩绝过鸟,山深九曲不生花。
雕弓金鼓堪筹虏,莫卖卢龙归自夸。

咏黄花镇交松亭诗

[明]曹代萧

寝园瑞气郁苍松,连理庭前宛似龙。
夺得天机元并逐,分来地脉巧相从。
东连渤海仙源古,西映居庸紫翠重。
怪道秦封君不受,坚贞原自度严冬。

黄花镇

[明]章士雅

天险曾开百二关,黄花古镇暮云间。
平沙不尽胡儿种,绝徼时闻汉使还。

万骑烟尘驱大漠,一宵风雪守天山。
将军莫信封侯易,百战归来鬓已斑。
万里黄云百二关,九陵烟树接群山。
王庭远徙边尘净,征马萧萧白日闲。

玉关天堑

[明]雷 宗

天开叠堑拱神京,断绝伊吾拔汉旌。
鹤辇风高清嶂起,鳌头势迥碧云平。
丹楼粉堞连丘壑,五帐牙旗富甲兵。
胡越如今归一统,出关宁有弃襦生。
锁钥重重障帝京,麾飞设险树旄旌。
路从天际来高下,山自昆头起峻平。
树拥苍龙飞宝戟,石排白豹锸神兵。
我知天意生明远,故设雄关玉垒生。
□岩怪石接长空,百二山河巩固中。
锁钥自来元有托,金汤到此却无功。
云寒鸟下观瞻远,日近风高气势雄。
险过羊肠天有意,三边应见息烟红。

八达岭

[明]徐 渭

八达高坡百尺强,径连大漠去荒荒。

八达岭长城

舆幢尽日山油碧，戍堡终年雾逈黄。

岔道城北高台值雪

[明]徐　渭

迢迢岔道枕重边，高阁登临倍黯然。
百灶营烟明可数，双谯蝶粉绕能圆。
偶逢飞雪关山杳，渐进浮云帝里连。
莫讶金汤坚若瓮，昆阳城小古来坚。

上谷歌

[明]徐　渭

少年曾负请缨雄,转眼青袍万事空。

今日独余霜鬓在,一肩舆坐度居庸。

阅八达岭

[明]熊　伟

丹楼粉堞跨群山,胜益居庸又一关。

风水会灵真可爱,烟岚跻险不辞难。

晓开云雾螺鬟靓,秋入岩崖锦树繁。

徙倚高峰看朔漠,吴钩频拂土花班。

登火焰山

[明]吴礼嘉

白云层里插危台,俯瞰穷芳亦壮哉。

万叠关山皆北向,九天灵彩自东来。

风清鼓角龙沙静,光闪旌旗海曙开。

伏剑高登霜气肃,欲凭火焰暖霞杯。

巡靖安堡阅东河口新筑城台

[明]汪道亨

燕然山外有高楼,大漠荒烟万里浮。

坐啸可挥白羽扇,严寒不待紫貂裘。

洗兵沽水涛声合,饮马长城雾气收。
刁斗月明沙塞静,将军无事更防秋。

古北口

[明]唐顺之

诸城皆在山之坳,此城冠山如鸟巢。
到此令人思猛士,天高万里鸣弓弰。

古北口

[明]倪　敬

虎豹森严雉堞牢,乱山如戟入云高。
驱车直上西冈顶,沙漠依稀见白旄。

潮河川曲

[明]董　毅

洗剑潮河冰满川,弯弓古北雪封鞯。
将军好著烧荒令,莫遣花当辄近边。

潮河川曲

[明]汤显祖

鸦鹊盘云秋气清,长川饮马暮嘶声。
新穿绣甲花搂子,知是潮河第一营。

石塘岭

[明]许 谈

古北关前月似霜,石塘岭下塞云黄。

鸣笳夜半边声起,不是征夫亦断肠。

清时期

古北口

[清]张 埙

地尽中原山,天挂秦时月。喜峰连居庸,夹此青碑砀。

一骑客关门,千秋几战伐。沙清走野兕,日落剩飞鹘。

古北口长城

乃见长城下，仅卧白头卒。近来关内民，关外来耕堡。
冥冥古楼堞，荒荒无逻讦。真笑前人忙，龙蛇胶觭矻。

古北口

[清]冯　培

北来锁钥屹雄关，不断秦城指掌间。
匝地风云连紫色，倚天屏障削青山。
长河疏柳龙媒度，古戍清笳虎旅闲。
何事三边夸重镇，只今明月挂刀环。

古北口

[清]顾陈垿

地险雄关旧，秋临独客惊。马头悬汉月，山背络秦城。
草带烽烟色，蝉为朔吹声。舆图正无外，大漠亦神京。

古北口（二首）

[清]顾炎武

汉家亭障接山南，光禄台空倚夕岚。
戍卒耕田烽火寂，唯余城下一茅庵。
雾灵山上杂花生，山下流泉入塞声。
却恨不逢张少保，碛南犹筑受降城。

居庸关二首

[清]顾炎武

极目危峦望八荒,浮云夕日遍山黄。
全收胡地当年大,不断秦城自古长。
北狩千官随土木,西来群盗失金汤。
空山向晚城先闭,寥落居人畏虎狼。

居庸关

[清]顾炎武

居庸突兀倚青天,一涧泉流鸟道悬。
终古戍兵烦下口,本朝陵寝托雄边。
车穿褊峡鸣禽里,烽点重冈落雁前。
燕代经过多感慨,不关游子思风烟。

回銮抵古北口

[清]康 熙

黄谷清河古戍间,銮车此日省方还。
长林曲抱千溪水,小径斜通万仞山。
地扼襟喉趋朔漠,天留锁钥枕雄关。
时平不用夸形胜,云物秋澄斥堠闲。

古北口

[清]康 熙

断山逾古北,石壁开峻远。
形胜固难凭,在德不在险。

入居庸关

[清]康 熙

始和羽骑出重关,风动南熏整旗还。
凯奏捷书传朔塞,欢声喜气满人寰。
悬崖壁立垣墉固,古峡泉流昼夜间。
须识成城惟众志,称雄不独峙群山。

古北口中秋

[清]曹 寅

山苍水白卧牛城,三尺黄旗万马鸣。
半夜檀州看秋月,河山表里更分明。

旧九边诗蓟州

[清]方 还

北平雄镇翼幽燕,千里潮河朔漠连。
司马高台闻野吹,卢龙古塞入秋烟。
开疆竟说分三卫,筹国何因弃外边。
叹息宁封南徙后,逐令烽火达甘泉。

出居庸关

[清]徐 兰

将军此去必封侯,士卒何心肯逗留。

马后桃花马前雪,出关争得不回头。

题古北口

[清]秦 瀛

谁说中原尽,雄关锁钥开。天横古寨出,山压大荒来。

白草蚕房峪,黄榆司马台。长城空设险,留与后人哀。

望长城作

[清]乾 隆

金墉迤逦倚山尖,想象当时守备严。

但拟天骄袪冒顿,哪知民怨萃蒙恬。

千秋形胜因循览,万古兴亡取次觇。

自是天心无定向,从来违顺卜黧黔。

居庸关

[清]乾 隆

其一

居庸天险列峰连,万里金汤固九边。

雄峻莫夸三峡险,崎岖疑是五丁穿。

岚拖千岭浮佳气，日上群峰吐紫烟，
威世只今无战伐，投戈戍卒艺山田。

其二

居庸为九塞之一，见于《吕览》《淮南子》，其迹最古。郦道元谓崇墉峻壁，山岫层深，路才容轨，为得其实云。

断戍颓垣动接连，当时徒说固防边。
洗兵玉垒曾无藉，守德金城信不穿。
泉出石鸣常带冷，日含峰暖欲生烟。
鸣鞭何那羊肠道，可较前兹获有田？

密云道中望长城

[清]乾　隆

秦时闉堞汉时山，总为天骄守御艰。
此日长城为苑囿，三秋巡守数经还。

古北口阅提标兵士

[清]乾　隆

鸣驺出天府，停辔驻雄关。雁避弯弓士，熊罗执戟班。
堂堂阵方劲，赳赳技留娴。讵驰忘危念，犹思守德难。

出古北口怀古

[清]乾　隆

夜雨朝晴候，襟燕带塞关。辽哉绵万里，壮矣据千山。

岂复藩篱固，谁知肘腋间。鬼工犹觅费，民力信其艰。
此日资耕凿，行秋每往还。不随今古变，一片岭云闲。

出古北口

[清]乾　隆

楼山驾海带秦辽，拓抱中原回近霄。
此日无烦夸地险，当年见说控天骄。
金瓯讵恃一丸固，玉烛恒惭六幕调。
来往巡农兼阅武，万年家法仰神尧。

古北口

[清]纳兰性德

乱山入戟拥孤城，一线人争鸟道行。
地险东西分障塞，云开南北望神京。
新图已入三关志，往事休论十路兵。
都护近来长不调，年年烽火报生平。

出古北口即事

[清]乾　隆

东方晓日万峰明，山路盘旋策马行。
严堞轴颓半有址，市尘节比永无征。
（凡关皆有征税，惟古北口不设榷司，遵皇祖遗制也。）
旅人那知渐石泞，农夫便欣栖麦晴。

攘水即为治水策，费财奚事筑边城。

密云

[清]纳兰性德

白檀山下水声秋，地踞潮河最上流。
日暮行人寻堠馆，凉砧一片古檀州。

再出古北口

[清]赵 翼

紫塞秋风紧，凌寒踏晓霜。潦余水尽白，关外柳先黄。
饮马长城窟，吁鹰古战场。平生登览兴，敢惜鬓毛苍。

居庸关

[清]魏 源

十里嶔奇托一程，连云虎跨是关城。
雄山尚作窥边势，古涧难平出塞声。

巡边

[清]长 善

一年一度按巡边，蓟北渔阳九月天。
叠叠乱云迷战垒，荒荒古道入溪烟。
貔貅列戍资专阃，台障经营仰昔贤。
好趁高秋勤肄武，关河快著祖生鞭。

登八达岭

[清]沈用济

策马出居庸,盘回上碧峰。坐窥京邑尽,行绕塞垣重。
夕照沉千帐,寒声折万松。回瞻陵寝地,云气总成龙。

西出居庸关

[清]陈 璋

西出雄关路曲盘,风云重接旧征鞍。
山如屏合窥天小,水作虹流入耳寒。
万里女墙连雁塞,百年兵甲洗桑乾,
太平气象无中外,镇朔台高立马看。

百字令·度居庸关

[清]朱彝尊

崇庸积翠,望关门一线,似悬檐溜。瘦马登登愁径滑,何况新霜时候。画鼓无声,朱旗卷尽惟剩萧萧柳。范寒渐甚,征袍明日添又。

谁放十万黄巾,丸泥不闭,直入车箱口。十二园陵风雨暗,响遍哀鸿离兽。旧事惊心长涂望眼寂寞闲亭堠。当年锁钥,董龙真是鸡狗!

出居庸关

[清]朱彝尊

居庸关上子规啼，饮马流泉落日低。

雨雪自飞千嶂外，榆林只隔数峰西。

登万里长城

[清]康有为

秦时楼堞汉家营，匹马高丘抚旧城。

鞭石千峰上云汉，连天万里压幽并。

东穷碧海群山立，西带黄河落日明。

且勿却胡论功绩，英雄造事令人惊。

汉时关塞重卢龙，立马长城第一峰。

日暮长河盘大漠，天晴外部数疆封。

清时堡堠传烽静，出塞山川作势雄。

百万控弦嗟往事，一鞭冷月踏居庸。

过昌平城望居庸关

[清]康有为

城堞逶迤万柳红，西山岧崂霁明虹。

云垂大野鹰盘势，地展平原骏走风。

永夜驼铃传塞上，极天树影递关东。

时平堡堠生青草，欲出军都吊鬼雄。

出塞

[清]徐锡麟

军歌应唱大刀环,誓灭胡奴出玉关。

只解沙场为国死,何须马革裹尸还。

近现代时期

嘉峪关前长城尽处远望

于右任

天下雄关雪渐深,烽台曾见雁来频。

边墙尽处掀髯望,山似英雄水美人。

嘉峪关关城

长城词

陈 毅

八达岭上望天渺,长城逶迤万峰小,如此江山真美好。
革命真有千般巧,各族人民团结了,翰海戈壁将变宝。
此地屡见血殷红,登临凭吊感慨中,阴霾消尽见碧空。
青山到处有牧童,羊群卷地白蒙蒙,听他歌唱《东方红》。

嘉峪关

朱 德

长城万里尽西头,嘉峪关高耸戍楼。
铁道将通葱岭下,弟兄协守建神州。

清平乐·六盘山

毛泽东

天高云淡,望断南飞雁。不到长城非好汉,屈指行程二万。
六盘山上高峰,红旗漫卷西风。今日长缨在手,何时缚住苍龙?

沁园春·雪

毛泽东

北国风光,千里冰封,万里雪飘。望长城内外,惟余莽莽,大河上下,顿失滔滔。山舞银蛇,原驰蜡象,欲与天公试比高。须晴日,看红装素裹,分外妖娆。

江山如此多娇,引无数英雄竞折腰。惜秦皇汉武,略输文采;

唐宗宋祖，稍逊风骚。一代天骄，成吉思汗，只识弯弓射大雕。俱往矣，数风流人物，还看今朝。

登大青山访赵长城遗址

翦伯赞

骑射胡服捍北疆，英雄不愧武灵王。

邯郸歌舞终消歇，河曲风光旧莽苍。

望断云中无鹄起，飞来天外有鹰扬。

两千几百年前事，只剩蓬蒿伴土墙。

碑碣·题刻

据长城北京段（主要为明代长城）的建筑年代和其关隘、城堡、墩台等情况以及现存石刻性质计算，北京地区的长城石刻，其数量当在千件以上。这些石刻按内容和形制大致可分为：1.各种石碑（包括修建碑、记功碑、题名碑、诗文碑等）；2."鼎建"刻石，即各工程兴建时的主管官员、将弁题名；3.工程完工刻石，即有关工程段工程量的记录；4.北京段长城各关、城、台、寨门上的石刻匾额。另外，还有少量有关长城的摩崖石刻。这些石刻都从不同角度，为我们留下了认识和研究北京长城的丰富而重要的实物资料。

由于种种原因,北京地区的长城石刻现存数量极少,本书所录系根据各区文物管理部门目前所掌握的资料。随着长城调查、保护工作的进展,仍将有各类石刻不断出土或被发现。关于这类资料的收藏必将日益丰富。

平谷长城石刻

修莺嘴头烽墩记刻石

工程完工刻石。明万历四十七年(1619年)五月一日。此石原址不详,1984年于将军关村征集。长47厘米,宽36厘米,厚7厘米。现存平谷区文物保管所。

河南营左部千总南阳卫指挥佥事夏之时分修莺嘴头空心砖烽墩一座,底阔周围一十二丈,收顶一十一丈二尺,高连垛口三丈五尺,上盖墩房二间。

管工总队　张莫

执工写字　吕庄儿

管工军牢　李天儿

石匠　吴秀

泥水匠　范中

万历四十七年五月初一日修完。

明万历四十七年（1619年）修莺嘴头烽墩记刻石

修泉水山敌台记刻石

工程完工刻石。明万历四十七年（1619年）五月一日。此石原址不详，1988年于黑水湾村征集。长39厘米，宽39厘米，厚6厘米。现存平谷区文物保管所。

河南营春防右部千总弘农卫指挥同知李君赐分修泉水山三等空心砖敌台一座，（底阔）周围□□二丈，收顶□□□丈二尺，高连垛口三丈□尺，□□神器房二间。

□工总队　郭友

执工写字　□□□

管工军牢　　□□□

　　石匠　刘云

　　泥水匠　朱还

　　万历四十七年五月初一日修完。

"峨嵋山营"门额

　　城堡门额石刻。明天启三年（1623年）二月立。长1.6米，高0.65米，厚0.21米。此额原嵌于峨嵋山营上营南门门洞上方，抗日战争中被拆毁，石额亡佚。1984年于峨嵋山村征集复得，现存平谷区文物保管所。

　　镇守右监丞　龚宁

　　守备内官　阮存

"峨嵋山营"石额

巡按监察御史　张□

镇守总兵官　马荣

镇守右参将　刘辅

峨嵋山营

提调把总指挥　郭玉

坐□指挥　姚□

委官千□　孔□

天启三年贰月吉日修。

"镇虏营"匾额

城堡门额石刻。无年月及名款。残长1.74米，宽0.65厘米，厚0.16厘米。此为原镇虏营（按此地之地名，今为"镇罗营"）上营北门门额，现存平谷区石刻艺术馆。

镇虏营

"北边雄镇"匾额

城堡门额石刻。年月款识已漫漶不可识。残长1.60米，宽0.73厘米，厚0.15厘米。此为原镇虏营下营西门门额，现存平谷区石刻艺术馆。

墙路王兵修建

北边雄镇

（下款字迹漫漶）

密云长城石刻

修遥桥峪城堡完工刻石

工程完工刻石。明万历二十七年(1599年)。此石原嵌于遥桥峪城堡北壁,为花岗岩石料,左半部残缺,现残宽63厘米,高43厘米。残存铭文竖刻13行,每行17字,正书。现存于密云区博物馆。

万历二十七年秋防河间营官军修完遥桥(乔)峪(谷)里外俱石堡城正工三十三丈三尺,南门楼一座,又补修完二十六年秋防遗工二十六丈。二项通共修完堡城五十九丈三尺。中军官董炜分管修完南门楼一座,底阔周围一十三丈六尺,顶阔一十二丈,高连垛口三丈,上盖造二破三重楼三间。中部千总官李世官、把总官王虎臣分修南门迤东,修完一段长五丈九尺五寸,南门迤西修完一段长五丈九尺五寸,二段共长一十一丈九尺。左部千总官常世爵、把总官文光焕、张邦锜分管修西接中部新修工界,起迤东修完一□二□□□□□□千总官杨一元、把总□□。

(以下刻石残缺,文字不全)

修密云新城刻石

工程完工刻石。明万历四十六年（1618年）五月。为花岗岩石料，高37厘米，宽43厘米，正书9行，满行10字，落款3行。此石原址不详。现存于密云区博物馆。

德州春防营左部千总陈天即、三司把总刘世爵县内分修密云新城里口，东接本部一司新工尾起，西至本营右部一司新工头止，计修城工二十七丈六尺七十三分，高连女墙二丈七尺。遵行如法，修筑通完。管工旗总陈欢儿，泥水匠役邬伴奇。万历四十六年岁次戊午夏五月吉日立。

修曹家路黑谷关将军台寨石堡城刻石

工程完工刻石。明万历三十七年（1609年）。刻石残高52厘米，宽57厘米，残存铭文17行，每行2至20字不等，正书，现存于密云区博物馆。

河间营万历三十七年秋防蒙派修曹家路黑谷关地方将军台寨石堡城八十五丈五尺，底阔一丈四尺，收顶一丈，高连垛口二丈三尺，俱用灰泥砌石填心，纯灰砌垒边，石灰浆灌□，方条砖墁顶。自本年七月二十一日兴修起，至十月十二日止，俱照数□□，通已修完讫。备将修过工程起止并分管砌垒员役姓名开列于后。计开：头一段拆修完旧城南门楼迤西起□城长一十五丈五尺，经管砌垒千总李世官，旗牌张荣，队总杨力，石泥匠周林、闫志刚。第二段拆修完南楼千总李世官。新修城□起迤北堡城长三十一丈，经管砌垒千总刘应武，旗牌杨□，队总赵四，石泥匠高英、张□、□□。第三段拆修完南楼千总刘应武。新修城头起□堡城一十三丈，经管砌垒千总□……队总杨力、□……

修大水峪敌台刻石

工程完工刻石。明万历四十八年（1620年）五月。刻石高30厘米，宽38厘米，铭文13行，每行5至20字不等，正书，花岗岩石质，保存较好，现存于密云区博物馆。

河大营春防官军派修大水峪地方二龙戏珠三等敌台一座，底阔周围十二丈，收顶十一丈二尺，高连垛口三丈五尺，上盖砖券望房三间。钦差统领河大营游击将军署都指挥同知李元勋，中军指挥佥事温裕，把总官王勋，监工南兵把总官李大成、朱良进，管工旗牌周来安，催工队长薛宽，泥水匠头张大，石匠头邓文，木匠头李俊。万历四十八年五月二十日。

万历三十年重修记刻石

工程完工刻石。明万历三十年（1602年）五月。此石已纵向断裂为二。高35厘米，宽46厘米，铭文6行，每行3至17字不等，正书。石文未言工程段名称及工作量等，立石原址亦不详，现存于密云区博物馆。

　　钦差山东都司军政佥事□□蓟镇春班右□营官军都指挥博平孙愈芳，右部千总鳌山卫指挥同知卢一贯，督同该部队识匠作军士千名鼎建。万历三十年仲夏吉旦重修。

重修曹家路吉家营东门城楼刻石

　　工程完工刻石。明万历四十八年（1620年）九月。有官吏将弁题名。石高48厘米，宽81厘米，花岗岩石料，铭文24行，每行4至29字不等，正书，稍有漫漶。此石原嵌于吉家营城堡（在吉家营村中）东门壁间，现存于密云区博物馆。

　　万历四十八年，河间营秋防蒙派修曹家路吉家营东门坍塌重楼一座，城顶□□拆墁四十七丈，俱照原议修筑，方条砖墁顶，三层，灰浆灌□。自本年七月二十三日兴□起，至九月二十九日止，遵依原行，如法修完，合式坚固，堪垂永久。钦差总督蓟辽保定等处军务兼理粮饷经略御倭兵部右侍郎兼都察院右都御史文□□，钦差整饬蓟州等处边备兼巡抚顺天等府地方都察院右都御史喻安性，巡按直隶监察御史□□□，钦差巡按直隶监察御史□□□，钦差整饬密云等处兵备兼管屯田驿传海防河南提刑按察司副使□□□，钦差镇守蓟州永平山海等处地方兼备倭总兵官右军都督府左都督王□□，钦差协守蓟镇西路等处地方分理练兵事务副总兵官都指挥佥事王□□，钦差分守曹家路等处地方都司管游击将军事署都指挥佥事高师□，钦差统领河间营都司管游击将军事署都指挥佥事张□□，□□提调吉家营口门等处地方以都指挥体统行事署指挥佥事贺□□，总催工程中军指挥佥事张□□，经管修吉家营东门重楼并拆墁城顶口……官成□，□工□□□，□工□……木匠李□，泥水匠□□。四十八年九月二十九日立。

隆庆四年古北口修城记刻石

"鼎建"刻石。明隆庆四年（1570年）四月。高81厘米，宽57厘米，铭文9行，前8行每行22字，尾行21字，正书，花岗岩石料，保存完好。此石原址不详，现存于密云区博物馆。

隆庆四年夏孟之吉，总督蓟辽保定等处军务兼理粮饷兵部左侍郎兼都察院右佥都御史宜黄谭纶，整饬蓟州等处边备兼巡抚顺天等府地方都察院右佥都御史潍县刘应节，巡按直隶监察御史高安傅孟春，整饬密云等处兵备山东布政司右布政兼按察司副使太仓凌云翼，总理练兵兼镇守蓟州等处地方总兵官中军都督府右都督定远戚继光，协守西路副总兵官鄱阳李超，分守古北口等处地方副总兵官崞县董一元，管工营州后屯卫经历临潼焦尚福，提调潘一麟，委官莱阳张大金鼎建。

修石塘路东水谷城堡刻石

工程完工刻石。明万历四十四年(1616年)五月。石高57厘米,宽62厘米,竖刻26行,每行3至34字不等,行楷体,花岗岩石料。志文完整,有官吏将弁题名。原址不详,现存于密云区博物馆。

万历四十四年春防河大营官军派修石塘路大水谷下地方东水谷三等堡城一座,周围连门洞一百三十丈,底阔一丈一尺,收顶八尺,高连垛口二丈,上盖门角房五间,马蹬疆搽二道。遵照原行,如式修筑,于五月十六日通完讫。钦差总督蓟辽保定等处军务兼理粮饷经略御倭都察院右佥都御史兼兵部左侍郎薛三才,钦差整饬蓟州等处边备兼巡抚顺天等府地方都察院右都御史刘曰梧,钦差巡按直隶监察御史薛真,巡按直隶监察御史毛

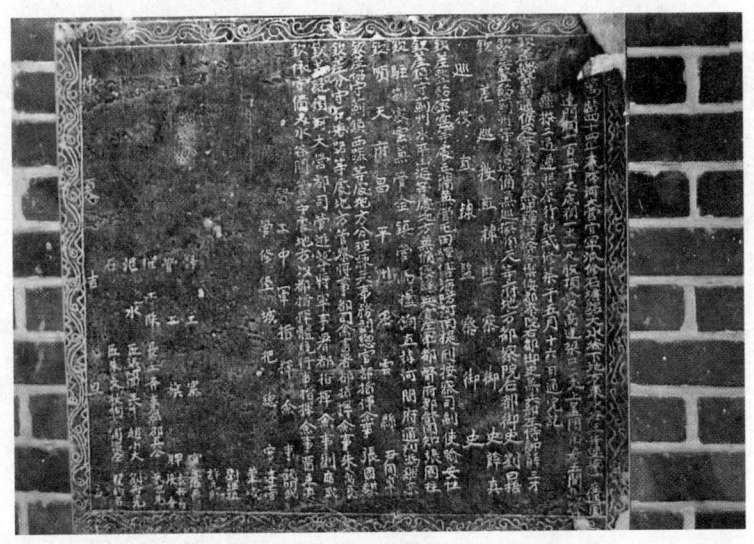

明万历四十四年(1616年)五月修石塘路东水谷城堡刻石

堪，钦差整饬密云等处兵备兼管屯田驿传海防河南提刑按察司副使喻安性，钦差镇守蓟州永平山海等处地方兼备倭总兵官左军都督府都督同知张国柱，钦差驻扎密云兼管全镇营马粮饷直隶河间府通判冯继京，钦差顺天府昌平州密云县尹同□，钦差协守蓟镇西路等处地方分理练兵事务副总兵官都指挥佥事张国麒，钦差分守石塘路等处地方管参将事都司佥书署都指挥佥事朱万良，钦差统领河大营都司管游击将军事署都指挥佥事刘应武，钦依守备大水谷关营等处地方以都指挥体统行事指挥佥事贾秉真，督工中军指挥佥事顾明武，管修堡城把总官李世官、董成、刘继祖、许元龄，督工寨官王□爵，管工旗牌索林□、张安，催工队长王奔、李伯加、邵真全、朱□□，泥水匠张阿回、王八十、赵小大、刘□□，石匠朱文、狄狗、周海仝、翟□名。仲夏吉旦立。

隆庆五年修古北口修城记刻石

"鼎建"刻石。明隆庆五年（1571年）四月。高66厘米，宽95厘米，花岗岩石料，铭文21行，前20行每行9字，尾行7字，正书，保存完好，石原址不详，现存于密云区博物馆。

  隆庆五年孟夏之吉，总督蓟辽保定等处军务兼理粮饷兵部右侍郎兼都察院右佥都御史潍县刘应节，整饬蓟州等处边备兼巡抚顺天等府地方都察院右佥都御史肤施扬兆，巡按直隶监察御史高安傅孟春、仁和余希周，整饬密云等处兵备山东按察司副使兴乐王惟宁,总理练兵兼镇守蓟州等处地方总兵官中军都督府右都督定远戚继光,协守西路副总兵官鄱阳李超,分守古北口等处地方参将定远罗端,中军官完县刘坤,提调故城潘一麟,把总□县周添禄鼎建。

修曹家路黑谷关新城庄堡城刻石

工程完工刻石。明万历四十五年(1617年)五月。石高61厘米,宽98厘米,花岗岩石质,铭文37行,每行6至24字不等,正书,该石保存较好,有官吏将弁题名。原址不详,现存于密云区博物馆。

万历四十五年春防宁山营奉派修曹家路黑谷关□地方新城庄堡城二百三十丈,底阔一丈二尺,收顶八尺,高连垛口二丈,外修发券南门一座,上盖望房一间,四角各盖铺房一间。自本年二月二十一日□□起,三月十三日启土兴工,五月三十日报完。钦差总督蓟辽保定等处军务兼理粮饷经略御倭都察院右佥都御史兼兵部右侍郎薛三才,钦差整饬蓟州等处边备兼巡抚顺天等府地方都察院右都御史刘曰梧,巡按直隶监察御史毛堪,钦差巡按直隶监察御史薛贞,钦差总理密云粮饷户部郎中吴炜,钦差整饬密云等处兵备兼管屯田驿传海防河南提刑按察司副使喻安性,钦差镇守蓟州永平山海等处地方兼备倭总兵官□□都督府都督朱国梁,钦差镇守直隶保定等处地方兼备倭总兵官中军都督府都督王宣,钦差协守蓟镇西路等处地方分理练兵事务副总兵官都指挥佥事张国麒，密云驻□□□□□营马直隶河间府通判冯继京，顺天府昌平州密云县知县□国□，钦差总督军门标下属中军事旗鼓守备张思忠，钦差分守曹家路等处地方游击将军都指挥佥事王文杰，钦差统领蓟镇宁山春班官军游击将军署都指挥佥事徐永寿，□□关守备事密云右营中军镇抚张定，曹家路中军镇抚杨声，千总张承德，宁山营中军兼左部千总陈常教，中部千总王昌国，右部千总高扬，把总□□□、李时化、许兴邦、闫鸿勋、吴天寿、马天峰、邓昌孝。

修石塘路大水峪五座楼敌台刻石

工程完工刻石。万历四十三年（1615年）五月。有官吏将弁题名。此石高56厘米，宽75厘米，当地大青石料，铭文23行，每行12至34字不等，正书，已碎为三块，现存五座楼林场管理处。

　　山东左营春防分修石塘路大水峪地方天精涧牵牛岭大石□□□□峰门顶敌台五座，每座底阔周围一十二丈，收顶一十一丈，高连垛口三丈五尺，上盖望房三间。又修峰门顶敌台迤东三等边墙四丈二尺，底阔一丈□尺，收顶一丈，高连垛口一丈五尺。俱遵式于本年五月初二通修筑完。因记。钦差总督蓟辽保定等处军务兼理粮饷经略御倭兵部右侍郎兼都察院右佥都御史定海薛三才，钦差整饬蓟州等处边备兼巡抚顺天等府地方都察院右佥都御史宁阳吴崇礼，钦差镇守蓟州永平山海等处地方防海备倭总兵官左军都督府都督同知太原张国柱，钦差整饬密云等处兵备兼管屯田驿传海防河南提刑按察司副使蒲州李养质，钦差总督蓟辽保定军门中军署西协事务副总兵官都指挥佥事锦衣卫□康□，钦差分守石塘岭等处地方都司佥事管参将事署都指挥佥事大同朱万良，钦差山东都司军政佥书统领山东左营官署都指挥佥事成□，钦依守备大水谷等处地方以都指挥体统行事指挥佥事锦□……督工中军宁海卫指挥使□□贡，左部管工千总威海卫指挥使王运隆，中部管工千总登州卫指挥佥事张□□，右部管工千总大嵩卫指挥佥事缪□□，管辽千总成山卫指挥同知王□□，管粮千总靖海卫镇抚常三聘，左部管工把总奇山所千户张慎行，中部管工把总宁津所百户吴国美，左部管工把总海阳所千户谢□。万历四十三年五月吉日立石。

修司马台长城东二台刻石

"鼎建"刻石。明隆庆五年（1571年）四月。此石现在司马台长城东段东二台。

隆庆五年孟夏之吉，总督蓟辽保定等处军务兼理粮饷兵部右侍郎兼都察院右佥都御史潍县刘应节，整饬蓟州等处边备兼巡抚顺天等府地方都察院右佥都御史肤施扬兆，巡按直隶监察御史高安傅孟春，仁和余希周，整饬密云等处兵备山东按察司副使兴乐王惟宁,总理练兵兼镇守蓟州等处地方总兵官中军都督府右都督定远戚继光,协守西路副总兵官鄱阳李超,分守古北口等处地方参将定远罗端,中军官完县刘坤,提调故城潘一麟,把总□县周添禄鼎建。

修司马台长城东四台刻石

"鼎建"刻石。明隆庆四年(1570年)四月。此石现在司马台长城东四台。

  隆庆四年孟夏之吉,总督蓟辽保定等处军务兼理粮饷兵部左侍郎兼都察院右佥都御史宜黄谭纶,整饬蓟州等处边备兼巡抚顺天等府地方都察院右佥都御史潍县刘应节,巡按直隶监察御史高安傅孟春,整饬密云等处兵备山东布政司右布政兼按察司副使太仓凌云翼,总理练兵兼镇守蓟州等处地方总兵官中军都督府右都督定远戚继光,协守西路副总兵官鄱阳李超,分守古北口等处地方副总兵官崞县董一元,延绥游击将军延安杨经,管工营州后屯卫经历临潼焦尚福,中军李钟秀,千总指挥同知刘晖,千户陈勋,管司委官指挥时通、千户王勋鼎建。

修司马台长城西七台刻石

"鼎建"刻石。明隆庆四年(1570年)四月。此石现在司马台长城西七台。

隆庆四年孟夏之吉，总督蓟辽保定等处军务兼理粮饷兵部左侍郎兼都察院右佥都御史宜黄谭纶，整饬蓟州等处边备兼巡抚顺天等府地方都察院右佥都御史潍县刘应节，巡按直隶监察御史高安傅孟春，整饬密云等处兵备山东布政司右布政兼按察司副使太仓凌云翼，总理练兵兼镇守蓟州等处地方总兵官中军都督府右都督定远戚继光，协守西路副总兵官鄱阳李超，分守古北口等处地方副总兵官崞县董一元，延绥游击将军延安杨经，管工营州后屯卫经历临潼焦尚福，中军千总李钟秀、白濂，管司指挥高时通、千户张国用鼎建。

修司马台长城西十二台刻石

"鼎建"刻石。明万历六年（1578年）四月。此石现在司马台长城西十二台。

万历六年岁次戊寅仲夏之吉，总督蓟辽保定等处军务兼理粮饷兼都察院右都御史兼兵部左侍郎恒阳梁梦龙，整饬蓟州等处边备兼巡抚顺天等府地方都察院右佥都御史闽中陈道基，巡按直隶监察御史历城于鲸，总理练兵事务兼镇守蓟州永平山海等处地方总兵官中军都督府左都督定远戚继光，总理密云粮饷户部郎中长泰戴燿，整饬密云等处右参政临汾徐节，协守蓟州西路等处地方副总兵官都指挥佥事关中李如楂，总督军门中军副总兵署都指挥佥事山海徐枝，密云驻扎管饷河间府同知阳城卫重鉴，抚院中军参将密云谷九皋，总理中军都司金华黄宗统，分守古北口等处参将署都指挥佥事孤竹谷承功，统领密云振武营游兵游击将军署都指挥佥事关中徐从义，司马台守备刘从武，密云左营中军陈世爵，古北路中军戚金，本营督工中军正千户神其，千总武举石宗瀛，指挥田汝经，加衔千总和国、王良奇、鹿会宾，把□任□、翟采、程默、张平聚、黄守印、施廷相，旗牌张信、李胜鼎建。

修司马台长城西十三台刻石（残）

据刻石残留下半部分字迹，此石当为"鼎建"刻石。年月不详。此石现在仍留司马台长城西十三台。

（缺文）郎恒阳梁梦龙，(缺文）中陈道基，巡按（缺文）处地方总兵官（缺文）燿，整饬密云等（缺文）挥佥事关中李（缺文）饷河间府同知（缺文）统，分守古北口（缺文）都指挥佥事关（缺文）挥佥事杨贤，(缺文）百户曹安、戴（缺文）掾张臣、赵定，(上缺）鼎建。

"后白后浒沟五十二号台"石额

汉白玉石质，高40厘米，长60厘米，双钩行楷体书每行10字，自右左行，无年月及款识，嵌于后白后浒沟五十二号敌台（位于石城乡西湾子村鲇鱼沟西北方山脊上）。

后白后浒沟五十二号台

"后白鲇鱼顶五十三号台"石额

形制同五十二号台额。该台位于"后白后浒沟五十二号台"之西约 500 米处。

后白鲇鱼顶五十三号台

"遥桥峪堡"石额

石质城堡门额。形制尺寸不详。无年月及书人。现仍嵌于遥桥峪堡南门门洞上方，字迹已不清。

吉家营城堡"镇远门"石额

石质城堡门额。形制尺寸不详。无年月及书人。现仍嵌于吉家营城堡东门门洞上方。

镇远门

吉家营城堡"吉家营城"石额

石质城堡门额。形制尺寸不详。无年月及书人。现仍嵌于吉家营城堡西门门洞上方。

吉家营城

墙子路城堡"永熙门"石额

石质城堡门额。形制尺寸不详。无年月及书人。此石额原嵌于墙子路城堡（今仅存遗址）东门门洞上方，现在墙子路村村民赵景春家用作过门石。

永熙门

墙子路城堡"安边门"石额

　　石质城堡门额。形制尺寸不详。总督杨兆书。此石额原嵌于墙子路城堡(今仅存遗址)西门门洞上方,现在墙子路村村民蔡宝山家院中。

　　安边门

关上城堡北门"墙子雄关"石额

　　石质城堡门额。形制尺寸不详。明万历年间,行书,无书人。石额仍嵌于关上城堡西门门洞上方。

　　墙子雄关

　　万历季秋吉旦

"墙子雄关"石额 　　　　"白马关堡"石额

白马关城堡南门"白马关堡"石额

石质城堡门额。形制尺寸不详。明万历年间,行书,无书人。无年月及书人。此石额仍嵌于白马关城堡南门门洞上方。

白马关堡

密云明代戳印刻字砖文款识

密云明代长城上,现存有一定数量的戳印和刻字砖文款识的城砖,这些砖文款识均刻在敌楼和城墙明显部位卧砌顺砖的外砖面上。砖文款识多为9个字左右,按砖面的纵向竖刻在砖面中间25厘米×4.5厘米范围之内。款识四周用单钩或双钩纹圈上,也有个别的款识无钩纹圈。多数砖文款识为戳印阴文,刻字阴文较少,戳印和刻字阳文砖文款识极少。目前发现的砖文款识有:

万历六年镇虏奇兵营

戳印砖文,有宽窄两种笔画,均为行楷体阴文,字迹较清晰,现存于司马台长城段西12至13台中间边墙的垛墙上。

万历六年振武营右造

戳印砖文,行楷体阴文,笔画粗细、大小有三种类型,字迹较清晰,位于司马台长城段西11至12台间边墙的垛墙上和西13台上。

万历六年延绥营造

戳印砖文,行楷体阴文,字迹清晰,现存于司马台长城西8台上。另外,与怀柔区交界处密云西沙地城段上也有此种戳印砖文。

万历五年石塘路造

戳印砖文,行楷体阴文,文字笔画粗细、大小分三种类型,字迹较清晰,位于司马台长城段东 4 至 5 号台间和东 7 至 8 台间边墙的垛墙上。

万历六年石塘岭路造

戳印砖文,行楷体阴文,现存于司马台城段东 3 台下。

万历五年宁夏营造

戳印砖文,现存于司马台城段东 5 号台内,有两块。其一为行楷体阴文,其二为行楷体阴文反书。

万历五年山东左营造

戳印砖文,行楷体阴文,文字写法及笔画粗细不等分为两种,字迹清晰,现位于司马台城段东 13 至 14 台间边墙的垛墙上和东 14 台内。

山东左营三等墙止

刻字砖文,行楷体阴刻,8 个字刻于两块砖面上,每砖 4 个字,字距较远,字笔画大小等不太规范。发现于司马台城段。

面

字模印砖文,行楷体阳文反书,发现于司马台城段西 16 台上层垛墙砖上。

河间营造

戳印砖文,行楷体阴文,现位于墙子路关上城堡的城墙上。墙子路城段上还有"河间营""沈阳营造""东石"等戳印砖文,因未见到实物,形制不清。

怀柔长城石刻

西水峪修城记刻石

工程完工刻石。明万历三十三年（1605年）。石今在西水峪村南头农民院内。

山东右营中部千总灵山卫指挥李轻督同把总□□所百户江登仕分修黄花镇西水峪第二段二等边墙二十一丈七尺，底阔一丈六尺，收顶一丈二尺，高连垛口二丈。万历三十三年日。

头道关西三楼修城记刻石

工程完工刻石。明万历七年（1579年）春。石在黄花城北长城上。

万历七年春防分修黄花镇本镇关边墙一百五十丈，自本字□一号台起至本字二号台迤西空接良涿营工界止。钦差山东都司军政佥书轮领春班右营官军署都指挥佥事王秩总委督工官标下听用镇抚仝魁，本营中军官莱州卫指挥刘勤，左部修工千总莱州卫指挥冯守宗，管打石、采柴、烧造砖灰把总胶州所千户储文瑞，管修城百旗总丘尚忠、王济、贾玄、梁敖，催工舍人杨三郎；中

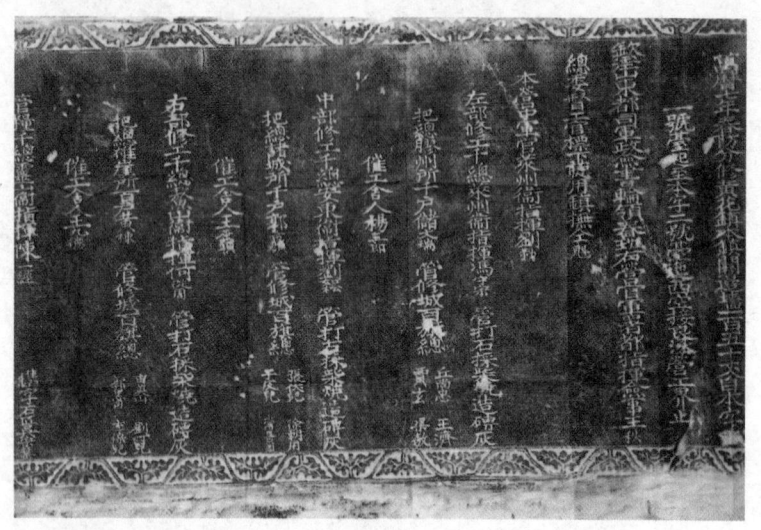

头道关西三楼修城记碑

部修工千总安东卫指挥刘如松,管打石、采柴、烧造砖灰把总诸城所千户郭希领,管修城百旗总张伏儿、徐朝用、于皮儿、常景周,催工舍人王歪头;右部修工千总鳌山卫指挥何从周,管打石、采柴、烧造砖灰把总椎崖所百户黄栋,管修城百旗总由英山、刘灯儿、郭黑司、李保儿,催工舍人王九德。管粮千总灵山卫指挥陈一经。镌字石匠吴宗叶。

头道关东四楼记刻石

"鼎建"刻石。明隆庆三年(1569年)。石在东四楼敌台。

隆庆三年仲秋之吉,总督蓟辽保定等处军务兼理粮饷兵部左侍郎兼都察院右佥都御史宜黄谭纶,整饬蓟州等处边备兼巡抚顺天等处（府）地方都察院右佥都御史潍县刘应节，巡按直隶监察御史陈留崔廷试，整饬昌平等处兵备山东提刑按察司佥事长治宋守约，镇守居庸昌平等处地方总兵官中军都督府署都督佥事桐城杨四畏，分守黄花镇等地方副总兵署都指挥佥事陕西程九思，军门中军大宁都司署都指挥佥事潞州暴以平，督工保定府通判丹徒法恺，守备黄花镇地方以都指挥体统行事指挥佥事遵化李世臣，管工中军把总千户昌平时道、毛（王）栋、曹天爵、毛钊，各色匠役杨进才、王大金、丁才、刘甫增、程老儿、姚环等鼎建。

洼腰楼内修城记刻石

"鼎建"刻石。明隆庆三年（1569年）。石在黄花城洼腰楼内。

隆庆三年季秋之吉，总督蓟辽保定等处军务兼理粮饷兵部左侍郎兼都察院右佥都御史宜黄谭纶，整饬蓟州等处边备兼巡抚顺天等府地方都察院右佥都御史潍县刘应节，巡按直隶监察御史汝阳房楠，整饬昌平等处兵备山东提刑按察司佥事长治宋守约，镇守居庸昌平等处地方总兵官中军都督府都督佥事桐城杨四畏，分守黄花镇等处副总兵官署都指挥佥事陕西程九思，军门中军大宁都司署都指挥佥事潞州暴以平，督工保定府通判丹徒法恺，守备黄花镇地方以都指挥体统行事指挥佥事遵化李世臣，管工中军把总时道、王栋、曹天爵、蒯林、毛钊、贾寿，匠役杨进才、王大金、丁才、刘甫增、程老儿等鼎建。

黄花城修城碑记刻石

"鼎建"刻石。明隆庆四年（1570年）。石今在二道关村农民李世永家。

隆庆四年仲夏之吉，总督蓟辽保定等处军务兼理粮饷兵部左侍郎兼都察院右佥都御史宜黄谭纶，整饬蓟州等处边备兼巡抚顺天等府地方都察院右佥都御史潍县刘应节，巡按直隶监察御史江西傅孟春，整饬昌平等处兵

明隆庆四年（1570年）黄花城修城碑记刻石

备山东提刑按察司佥事长治宋守约，镇守居庸昌平等处地方总兵官中军都督府都督佥事桐城杨四畏，分守黄花镇等处地方副总兵官都指挥佥事陕西程九思，军门中军大宁都司署都指挥佥事潞州暴以平，督工保定府通判丹徒法恺，守备黄花镇地方以都指挥体统行事指挥佥事遵化李世臣，管工中军把总时道、王栋、曹天爵、蒯林、毛钊，各色匠役杨进才、李龙、李奉、田奉、刘甫增、梁守成鼎建。

小城峪东一楼修城记刻石

隆庆四年季春之吉，总督蓟辽保定等处军务兼理粮饷兵部左侍郎兼都察院右佥都御史宜黄谭纶，整饬蓟州等处边备兼巡抚顺天等府地方都察院右佥都御史潍县刘应节，巡按直隶监察御史河南房楠，整饬昌平等处兵备山东提刑按察司佥事长治宋守约，镇守居庸昌平等处地方总兵官中军都督府都督佥事桐城杨四畏，分守黄花镇等处地方副总兵官署都指挥佥事陕西程九思，军门中军大宁都司署都指挥佥事潞州暴以平，督工保定府通判丹徒法恺，守备黄花镇地方以都指挥体统行事指挥佥事遵化李世臣，管工中军把总时道、王栋、曹天爵、蒯林、毛钊，各色匠役杨进才、李龙、李奉、丁才、刘甫增、梁守城鼎建。

撞道口匾额

撞道口，钦差守备黄花镇地方以都指挥体统行事指挥佥事刘勋。万历五年季春吉日鼎建。

镇房关，万历五年季春吉日鼎建

撞道口匾额

撞道口修城记刻石

万历陆年分修□□□□，主兵分修黄花镇撞道口一等墙伍拾丈，□□钦差蓟辽总督军门梁孟龙，巡抚邵卿，御史□陈道基，直隶总督御史杨四畏，整修昌平兵备岳卞，军门中军副总兵徐□，抚院中军□将□□□，分守黄花路参将王抚民，分守黄花路参将李时，督工委官石士，游击崔庄，王凤□□□应坤，中军李春福，□□李桀，镇边城中军王廷辅，把总贾应期、张武忠、史宗、田桂、张勋、周仁，催工旗牌陶春等建。石匠刘三、马朝用等。

渤海所衙门记功碑（碑阳）

碑现存怀柔区慕田峪管理处。

渤海所序

　　金陵曦门，乃黄花镇也。西屏居庸，东藩渤海，实拱护陵寝重地。而渤海始设守御所以卫陵庙，继添提调官以固边陲，皆属黄花守备，相沿八十余年。因庚戌□内犯，陵京扰动，辛亥间，复添分守参将一员，田翁讳奇、杜翁讳辉，俱驻扎黄花。而黄花镇、枣园寨、石城峪、西水峪、石湖峪、撞道口、鹞子峪、本镇口、小长峪、大长峪、南冶口以为黄花一守备之界；渤海所、新营城、大榛峪、驴鞍岭、磨石口、擦石口、田仙峪、贾儿岭、慕田峪以为渤海一提调之界。东西一十七城堡，边长一百八十里，俱属分守参将所辖，以为（守）边护陵重寄。且黄花北有宣镇以为外潘，中有山林以为内险，唯渤海东邻□地，切近属□，累犯慕、贾二边，常窥磨、擦二口，将远边长，兵难悍御。于嘉靖三十二年督抚提请，改移参将于渤海所驻扎，东可以御贼□，西可以卫金陵，适中之地，调度两宜，起于罗翁文豸、张翁绍祖、瞿翁辉、李翁洲、申翁维岳、高翁卿、朱翁绍文。众翁接任此路，均得防边御戎之策，治军保民之方，劳绩懋著。时予古北副总，修守二载，蒙督抚题予恩信素孚，属□畏服，似当义任。职衔与蓟西副将相等，不便行事，而黄花镇为陵京后门，关系尤重，请换敕书分守前项地方副总兵管事。予默思才绵力薄，恐负膺寄。节奉督抚教，约镇道会义，赖属僚合谋，得军士效力，历任四载，修完工程已经通报，乃予职分内之事，尚不能塞责，讵敢言功？兹补京缺，促装将行，据二守备、四千总切切恳告，始经其工，任怨任劳，终成其功，无记无考，使后任者何以知创工之始、成工之末？岁月相延，不唯没其终始，抑且掩其事迹，孰肯效劳于边，以励修守之志？予方允诺，准令勒石，须将先任诸公劳迹先录，后及于予可也。各关开报节任修完边墙一万二千一百丈，墩台六十八座，公馆营铺房一千五百间，壕坡九千七百九十丈，通修补一新，以表创业之由，予继而后进，因各官告刻斯工。予默思此地乃流官居之，升去补来，自然理也，吾辈皆一气之源，同功之雅，其继续之事，虽刻之于石，唯望日后工程倾坏者补之，欲改者忖之，愈加兴作，有益于防边保民，其功业尤出于予万万矣。则新升诸公，后必有继任伟绩，治政茂功，亦寓此路也。于是彰前功，续后迹，故为之记耳。

钦差黄花镇等处地方副总兵今升后军都督府都督佥事管神枢营事陕西延安华峰程九思书

隆庆三年三月十三日起至六年九月止修过工程数目开列于后：

创修空心敌台七十一座，各高三丈，周围十二丈。

创盖敌台上楼房一百六十三间。

创修营铺房官厅一千四十六间。

创栽沿边杂树五万四千九百八十株。

创修渤海城一百五十丈,高二丈五尺,城门楼三座十间。

创修公廨庙宇房一百八十九间。

创开荒地一十九顷六十二亩九分。

补修壕坡四千八十九丈七尺。

补修边营城墙一千六百二十七丈。

补修墩台一十六座。

渤海所

添补察院官厅厢房二十三间。

创修总府官厅厢房二十三间。

创修东中军厅房六间。

创修副府公廨房三十间。

创修守备公廨房七间。

创修掌印公廨房十间。

创修庙宇一十三间。

慕田峪关

空心敌台二十二座,楼房四十四间。

官厅房三间、铺房一百四十九间。

贾儿岭口

空心敌台十座,楼房三十间。

官厅六间，铺房一百八十九间。

官厅营房六十七间。

田仙峪寨

铺房二间。

官厅营房六十七间。

擦石口

空心敌台二座，楼房四间。

铺房十间。

官厅营房六十二间。

磨石口

空心敌台四座，楼房六间。

官厅六间。

铺房十四间。

官厅营房六十八间。

驴鞍岭口

空心敌台二座，楼房十间。

铺房十二间。

官厅营房五十间。

大榛峪口

空心敌台三座。

楼房五间。

铺房十九间。

黄花镇

补修察院房三间。公廨庙宇房六十间。

城楼房十六间。

南冶口

空心敌台五座，

楼房十五间。

铺房一十六间。

官厅营房四十四间。

大长峪口

官厅三间，铺房十间。

官厅营房四十二间。

小长峪口

空心敌台三座，楼房九间。

铺房二十三间。

本镇口

空心敌台八座，楼房二十间。

铺房一百三十三间。

鹞子峪、撞道口

空心敌台十二座，楼房二十八间。

铺房四十四间。

西水峪、石湖峪口

铺房七间。

黄花城守备指挥佥事李世臣

渤海所衙门题名碑

渤海所守备指挥佥事程□照

黄花镇路中军千户林□文

标下领援兵把总千户王桓

标兵营把总千户吴良富

管操把总百户马麒

渤海守御千户所百户李廷相

黄花镇守备下中军千户时道

老家营把总千户王栋

京卫春班把总指挥佥事李钺

京卫秋班把总指挥佥事蒯林

渤海所巡哨把总兼管田仙峪千户张佃

黄花镇巡哨把总兼管小长峪千户毛钊

渤海所掌伍印百户翁顺

渤海所地方百户许纯，黄花镇地方百户陈章

慕田峪守关百户李浩

贾儿岭守口百户胥天祐

擦石口守口千户李天机

磨石口守口百户桑春

驴鞍岭大榛峪守口千户包朝用

南冶口守口百户陈良

大长峪守口百户句恩

本镇口守口百户吴应元

鹞子峪撞道口守口百户张景阳

西水峪石湖峪守口百户何鼎

石城峪枣园寨守口千户张九卿

石匠赵雨、王山、李安等镌刻

大明隆庆六年岁次壬申季秋吉旦立。

渤海所衙门记功碑（碑阴）

钦差分守黄花镇等处地方参将都指挥佥事田奇，宣府尉州人。

钦差分守黄花镇等处地方参将都指挥佥事杜辉，宣府右卫人。

钦差分守黄花镇等处地方参将都指挥佥事罗文豸，辽东广宁卫人，升密云副总兵。

钦差分守黄花镇等处地方参将都指挥佥事张少祖，直隶河间沈阳卫人。

钦差分守黄花镇等处地方参将都指挥佥事瞿辉，陕西榆林卫人，调古北口参将。

钦差分守黄花镇等处地方参将都指挥佥事李洲，直隶河间沈阳卫人。

钦差分守黄花镇等处地方参将都指挥佥事申维岳，直隶遵化人，升古北口副总兵。

钦差分守黄花镇等处地方参将都指挥佥事高卿，宣府左卫人。

钦差分守黄花镇等处地方参将都指挥佥事朱绍文，

直隶兴州后屯卫人，调古北口参将。

钦差分守黄花镇等处地方副总兵都指挥佥事程九思，陕西延安人，今升中军都督府管神枢营事。

钦差分守黄花镇等处地方参将都指挥佥事靳付，直隶密云中卫人。

钦差分守黄花镇等处地方参将都指挥佥事蔡勋，怀远人，万历癸酉八月内任。

钦差分守黄花镇等处地方管参将事游击将军都指挥佥事李三极，山西蒲州人，万历乙亥八月内任。

钦差分守黄花镇等处地方管参将事都指挥佥事王抚民，陕西延安人，万历丙子正月内任，万历庚辰正月内升石门寨副总兵。

钦差分守黄花镇等处地方参将都指挥佥事李信，绥德卫人，万历八年二月内到任。

钦差分守黄花镇等处地方参将都指挥同知李如柏，辽东铁岭卫人，万历九年正月内到任，万历十年十月内升建昌副总兵。

钦差分守黄花镇等处地方管参将事游击将军都指挥佥事周之士，真定行唐人，万历十年十一月内任。

大榛峪西大楼北侧修城记刻石

工程完工刻石。明万历四十三年（1615年）。

山东右营春防军士三千名，内除杂流火兵四百名，实在修工军士二千六百名,奉文派修大榛峪东接王兵工尾起迤西二等边墙五十八丈五寸。内修便门二座、铁裹门四扇,又修匣光墩台起迤西二等边墙六丈九尺五寸。共墙六十五丈,底阔一丈六尺,收顶一丈二尺,高连垛口二丈。自本年二月二十日兴工办料,遵照原行如法修筑,于四月初八日通修完。因记。

钦差总督蓟辽保定等处军务兼理粮饷经略御倭兵部右侍郎兼都察院右佥都御史薛三才,钦差整饬蓟州等处边备兼巡抚顺天等府地方都察院右佥都御史吴崇礼,

钦差巡按直隶监察御史李嵩,钦差总理昌平兼管屯种户部员外郎周士昌,钦差整饬密云等处兵备带管昌平道河南提刑按察司副使李养质,钦差镇守居庸昌平

明万历四十三年(1615年)大榛峪西大楼北侧修城记刻石

等处地方总兵官前军都督府都督佥事刘国光，钦差分守黄花镇等处地方驻扎渤海所参将署都指挥佥事杨缜，钦差山东都司军政佥书轮领昌镇春班右营官军署都指挥佥事邹之宠，钦依守备慕田峪等关地方以都指挥体统行事指挥佥事李国华。

东路巡哨千总正千户赵官保，督工中军莱州卫指挥同知李宗仪，左部千总莱州卫指挥佥事滕继光，中部千总灵山卫指挥使李轻，把总胶州所正千户杨延赏，右部千总鳌山卫指挥使唐世桢，把总雄崖所副千户陆学闵。

万历四十三年四月　日立。

大榛峪口西一台修城记刻石

"鼎建"刻石。明隆庆三年（1569年）。石现存大榛峪村村民刘富友家。

大明隆庆三年季秋之吉，·总督蓟辽保定等处军务兼理粮饷都察院右佥都御史宜黄谭纶，整饬蓟州等处边备兼巡抚顺天等府地方都察院右佥都御史潍县刘应节，巡按直隶监察御史汝阳房楠，整饬昌平等处兵备山东提刑按察司佥事长治宋守约，镇守居庸昌平等处地方总兵官中军都督府都督佥事桐城杨四畏，分守黄花镇地方副总兵署都指挥佥事延安程九思，总督军门中军官大宁都司署都指挥佥事潞州暴以平，宁夏入卫游击将军署都指挥佥事榆林崔桐，管工通判丹徒法恺，宁夏游击兵营中军指挥张世臣，千总指挥陈进，把总千户杨楫，边匠赵富贵，泥匠张中得、王冲□鼎建。

万历三年季秋，守备黄花镇地方以都指挥体统行事指挥佥事刘勋奉文改修砖券。

大榛峪西大楼修城记刻石

工程完工刻石。明万历四十二年（1614年）。

河大营春防分修昌镇黄花路慕田峪地方大榛峪接山东左营工尾起迤西□十丈六尺五寸，底阔一丈六尺，收顶一丈二尺，高连垛口二丈，遵照原行如式修筑。

钦差总督蓟辽保定等处军务兼理粮饷经略御倭兵部右侍郎兼都察院右佥都御史薛三才，钦差整饬蓟州等处边备兼巡抚顺天等府地方都察院右佥都御使吴崇礼，钦差巡按直隶监察御史□□□，钦差整饬昌平等处兵备兼管屯田驿传山西布政使司右布政使曹俞参，钦差镇守居庸等处地方总兵官中军都督府都督佥铺，钦差分守黄花路等处地方驻扎渤海所参将都指挥佥事黄□起，钦差总领河大营游击将军都指挥佥事梁□，钦差守备慕田峪等关地方以都指挥体统行事指挥佥事李国华，督工中军指挥佥事张梦鲤，督工把总正千户许元龄，管工旗牌识字：岭宗、黄信，泥水石匠刘舟、瞿钧名。

万历四十二年孟夏吉旦立。

擦石口修城记刻石

工程完工刻石。明万历二十七年（1599年）。石现存庄户村村民赵廷延家。

万历二十七年春防河大营军夫陆佰肆拾玖名，分修黄花路渤海所擦石口地方，东接主兵城尾，西至旧城止，修一条边墙长壹拾叁丈。

总督蓟辽保定等处军务兼理粮饷经略兵部尚书都察院右佥都御史邢□，整饬蓟州等处兵备兼巡抚顺天等府地方兵部左侍郎兼都察院右都御史李□□，钦差总理昌平粮饷兼管屯种户部河南清吏司主事赵□□，钦差整饬昌平等处兵备兼管屯田□□□兼督察司佥事许□□，钦差镇守居庸昌平等地方总兵官左军都督府都督佥事黄□□，钦差分守黄花路地方驻扎渤海所参将署都指挥佥事刘文，钦差统领河大营游击将军府同知李登，钦差守备慕田峪等地方以都指挥体统行事署指挥佥事黄陛，中军指挥佥事张维番，督工千总百户白应贞，管工把总谢全。

玉石楼东第三楼修城记刻石

"鼎建"刻石。明万历八年（1580年）。

钦差总督蓟辽保定等处军务兼理粮饷兵部尚书兼都察院右副都御史真定梁梦龙，整饬蓟州等处边备兼巡抚顺天等府地方都察院右佥都御史莱阳张梦鲤，巡按直隶监察御史泗州刘光国，整饬昌平等处兵备山东提刑按察司佥事延安岳汴，镇守居庸昌平等处地方总兵官中军都督府都督同知桐城杨四畏，军门中军副总兵都指挥佥事抚宁徐枝，分守黄花镇驻扎渤海所参将署都指挥佥事绥德李信，分守横坡岭城等处地方参将署都指挥佥事渔阳李时，监工官总委保定府通判仁和周迁，军门督工委官原任游击真定崔桂，管工领边城守备天津王钺，横岭路中军原任守备李太初，镇边城中军崔尚武、把总张安、郭斌，督工旗牌来思恭，军匠贺禄、安仲银、韩住、马朝用、王甫、孙堂等鼎建。万历八年孟冬吉旦立。

慕田峪敌台门额

石刻匾额。楷书，无书人名。明隆庆三年（1569年）九月。

　　慕字拾台，隆庆三年玖月日创建

慕田峪关匾额

石刻匾额。楷书，无书人名及年月。

　　慕田峪关

慕田峪长城第十八号台界内界碑

长城关隘防界石刻。明成化七年（1471年）七月六日。石在慕田峪长城十八号台内。

迤东系慕田峪地方,迤西系贾儿岭地方。成化七年七月六日立。

隆庆三年修城记刻石之一

"鼎建"刻石。明隆庆三年(1569年)四月。原址不详,石现存慕田峪办事处。

大明隆庆三年孟夏之吉,总督蓟辽保定等处军务兼理粮饷兵部左侍郎兼都察院右佥都御史宜黄谭纶,整饬蓟州等处边备兼巡抚顺天等府地方都察院右佥都御史潍县刘应节,巡按直隶监察御史崇阳饶仁侃、陈留匡廷试,整饬昌平等处兵备山东提刑按察司佥事宋守约,镇守居庸昌平等处地方总兵官中军都督府都督佥事辽阳杨四畏,分守黄花镇等处地方副总兵署都指挥佥事延安程九思,总督军门中军大宁都司署都指挥佥事潞州暴以平,总委通判丹徒法恺,渤海所提调黄岗程照,中军正千户顺义林文,管援兵把总正千户丰润王桓,管新军把总副千户桐城任良富,管操把总百户东安马麒,石匠赵雨等,边匠牛瓒等,木匠田仲才等,窑匠梁岳等鼎建。

隆庆三年修城记刻石之二

"鼎建"刻石。明隆庆三年(1569年)七月。原址不详,石现存慕田峪办事处。

大明隆庆三年孟秋之吉,总督蓟辽保定等处军务兼理粮饷兵部左侍郎兼都察院右佥都御史宜黄谭纶，整饬蓟州等处边备兼巡抚顺天等府地方都察院右佥都御史潍县刘应节，巡按直隶监察御史汝阳房楠，整饬昌平等处兵备山东按察司佥事长治宋守约，镇守居庸昌平等处地方总兵官中军都督府署都督佥事桐城杨四畏、分守黄花镇副总兵官都指挥佥事延安程九思，军门中军官大宁都司署都指挥佥事潞州暴以平，管工保定府通判丹徒法恺，渤海所提调指挥佥事黄岗程照，中军正千户顺义林文，把总正千户丰润王桓，副千户桐城任良富，百户东安马麒，木石边窑匠赵雨、牛瓒、田仲才、梁岳等鼎建。

隆庆三年修城记刻石之三

"鼎建"刻石。明隆庆三年（1569年）九月。原址不详，石现存慕田峪办事处。

隆庆三年季秋之吉，总督蓟辽保定等处军务兼理粮饷兵部左侍郎兼都察院右佥都御史宜黄谭纶，整饬蓟州等处边备兼巡抚顺天等府地方都察院右佥都御史潍县刘应节，巡按直隶监察御史汝阳房楠，整饬密云等处兵备山东布政司右参将兼按察司副使太仓凌云翼，总理练兵兼镇守蓟州等处地方总兵官中军都督府右都督定远戚继光，协守西路副总兵官鄱阳李超，总督军门中军官大宁都司署都指挥佥事潞州暴以平，分守石塘岭等处地方参将都指挥佥事武进陈勋，大宁领班都司佥台时天里，管工□□同知固始王建、梁城所吏目徐州谢□、宁山千总周延祚、把总杨桂鼎建。

隆庆四年夏修城记刻石之一

"鼎建"刻石。明隆庆四年（1570年）四月。原址不详，石现存慕田峪办事处。

隆庆四年孟夏之吉，总督蓟辽保定等处军务兼理粮饷兵部左侍郎兼都察院右佥都御史宜黄谭纶，整饬蓟州等处边备兼巡抚顺天等府地方都察院右佥都御史潍县刘应节，巡按直隶监察御史高安傅孟春，整饬昌平等处兵备山东提刑按察司佥事长治宋守约，镇守居庸昌平等处地方总兵官中军都督府都督佥事桐城杨四畏，分守黄花镇等处地方副总兵官都指挥佥事延安程九思，军门中军大宁都司署都指挥佥事潞州暴以平，统领昌平标兵游击将军署都指挥佥事永宁马负图，管工保定府通判丹徒法恺，提调渤海所署指挥佥事黄岗程照，中军指挥使凤阳尹淮、管修台哨总指挥同知灵璧夏学、山阳王良相，把总副千户完县刘浩、永平张大缙，百户蓟州郭节，管砖灰窑把总百户凤阳阮爵，刊字匠王义，木石边砖灰窑铁瓦油书匠役任希中、陈忠、杨楠、赵道儿、冯辛、郭得山、张志海、王居、王小大等鼎建。

隆庆四年夏修城碑

"鼎建"刻石。明隆庆四年（1570年）四月。原址不详，石现存慕田峪办事处。

隆庆四年夏孟之吉，总督蓟辽保定等处军务兼理粮饷兵部左侍郎兼都察院右佥都御史宜黄谭纶，整饬蓟州等处边备兼巡抚顺天等府地方都察院右佥都御史潍县刘应节，巡按直隶监察御史高安傅孟春，整饬昌平等处兵备山东提刑按察司佥事长治宋守约，镇守居庸昌平等处地方总兵官中军都督府都督佥事桐城杨四畏，分守黄花镇等处地方副总兵官都指挥佥事延安程九思，军门中军大宁都司署都指挥佥事潞州暴以平，统领昌平标兵游击将军署都指挥佥事永宁马负图，管工保定府通判丹徒法恺，提调渤海所指挥佥事黄岗程照，中军指挥使凤阳尹淮，管修台哨总指挥佥事桃源吕招，正千户寿州孙孟春、把总指挥使óng州邓采、句容唐淳，百户江都吕桐、良乡刘相、管砖灰窑把总百户凤阳阮爵、刊字匠林世先，木石边砖灰窑铁瓦油书匠役任希中、李春、刘进阳、赵道儿、陈大、郭得山、张志海、王居、王小大等鼎建。

亓连关修敌台记刻石

工程完工刻石。明万历十七年（1589年）。原址不详。石现存慕田峪办事处。

明隆庆四年（1570年）夏修城碑

钦差总督蓟辽保定等处军务兼理粮饷经略御倭都察院右都御史兼兵部左侍郎王□□，钦差整饬蓟州等处边备兼巡抚顺天等府地方都察院右都御史兼兵部尚书刘四□，巡按直隶监察御史李光□，钦差巡按直隶监察御史金□，钦差整饬密云等处兵备兼屯田驿传海防河南布政使司右参议兼按察司佥事张朴，钦差镇守蓟州永平山海等处地方兼备倭总兵官右军都督府都督佥事王国栋，钦差分守蓟镇西路等处地方分理练兵事务副总兵官都指挥佥事杨元吉，钦差分守石塘岭等处地方参将署都指挥佥事郑梦麟，钦差河南都司军政佥书统领蓟镇春班署都指挥佥事陈洪□，钦依守备大水谷等处地方以都指挥体统行事指挥佥事姚继崇，河南营中军南阳卫指挥佥事丁继，万历十七年春防分修亓连口敌台一座，周围一十二丈，高连垛口三丈五尺□寸；望房一座，又修亓连关堡营房九间、门房一间，于五月二十七日完。

莲花池修敌台记刻石

工程完工刻石。明万历三十三年（1605年）。原址不详。石现存慕田峪办事处。

山东春防左营都司韩锡，下右部千总，威海卫指挥同知阮继光，分修□□□敌台一座，周围十丈，高连垛口三丈五尺，上盖房三间，遵式建筑完报讫。

万历三十三年四月吉旦。

箭扣修城记刻石

工程完工刻石。无年月。原址不详。石现存慕田峪办事处。

良涿营春班修完边城壹百叁拾丈西界。

亓连口修城记刻石

"鼎建"刻石。明隆庆四年（1570年）四月。原址不详。石现存慕田峪办事处。

隆庆四年孟夏之吉，总督蓟辽保定等处军务兼理粮饷兵部左侍郎兼都察院右佥都御史宜黄谭纶，整饬蓟州等处边备兼巡抚顺天等府地方都察院右佥都御史潍县刘应节，巡按直隶监察御史高安傅孟春，整饬密云等处兵

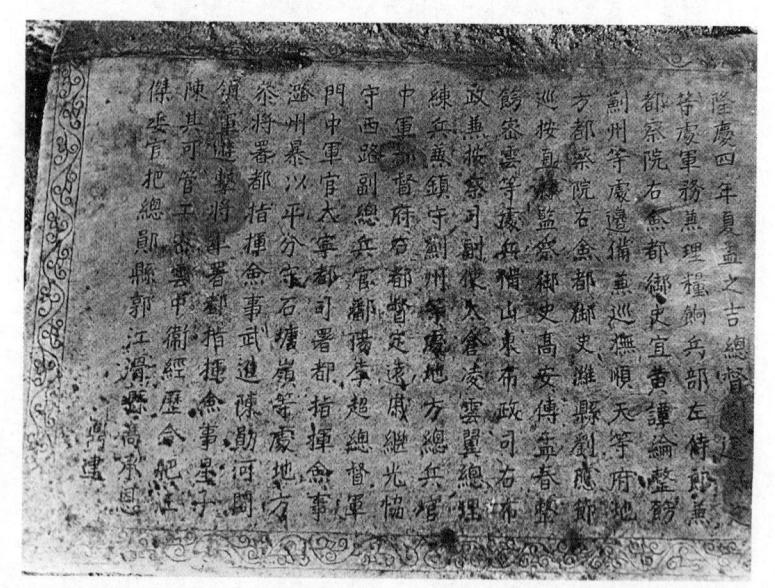

明隆庆四年（1570年）修城记刻石

备山东布政司右参政兼按察司副使太仓凌云翼，总理练兵兼镇守蓟州等处地方总兵官中军都督府右都督定远戚继光，协守西路副总兵官鄱阳李超，总督军门中军官大宁都司署都指挥佥事潞州暴以平，分守石塘岭等处地方参将署都指挥佥事武进陈勋，河间领军游击将军署都指挥佥事星子陈其可，管工密云中卫经历合肥汪杰，委官把总郧县郭江、滑县高承恩鼎建。

创建磨刀石敌台刻石摘记

工程完工刻石。明万历三十九年（1611年）十月。刻石原址不详。

万历三十九年秋防河大营派修石塘路大水峪地方创建磨刀石敌台一座，周围一十二丈，高连垛口三丈五尺，上盖□房一间，遵照□式筑，于十月二十九日通完记。

钦差总督蓟辽保定等处军务兼理粮饷经略御使都察院右都御史兼兵部左侍郎王象乾……

（以下缺文）

沙岭西台修城记刻石

"鼎建"刻石。明隆庆三年（1569年）四月。石现存河防口农民李显才家。

隆庆三年季秋之吉，总督蓟辽保定等处军务兼理粮饷兵部左侍郎兼都察院右佥都御史宜黄谭纶，整饬蓟州等处边备兼巡抚顺天等府地方都察院右佥都御史潍县刘应节，巡按直隶监察御史汝阳房楠，整饬密云等处兵备山东布政司右参政兼按察司副使太仓凌云翼，总理练兵兼镇守蓟州等处地方总兵官中军都督府右都督定远戚继光，协守西路副总兵官鄱阳李超，总督军门中军官大宁都司署都指挥佥事潞州暴以平，分守石塘岭等处地方参将署都指挥佥事武进陈勋，大水峪游击将军莱阳张泾，管工霸州同知固始王建，梁城所吏目徐州谢宸，千总官临清杨绳武，把总江陵李栋、山阳卢尚仁鼎建。

姚家庄台修城记刻石

"鼎建"刻石。明隆庆三年（1569年）四月。原址不详。

隆庆三年季秋之吉，总督蓟辽保定等处军务兼理粮饷兵部左侍郎兼都察院右佥都御史宜黄谭纶，整饬蓟州等处边备兼巡抚顺天等府地方都察院右佥都御史潍县刘应节，巡按直隶监察御史汝阳房楠，整饬密云等处兵备山东布政司右参政兼按察司副使太仓凌云翼，总理练兵兼镇守蓟州等处地方总兵官中军都督府右都督定远戚继光，协守西路副总兵官鄱阳李超，总督军门中军官大宁都司署都指挥佥事潞州暴以平，分守石塘岭等处地方参将署都指挥佥事武进陈勋，大水峪游击将军莱阳张泾，管工霸州同知固始王建，梁城所吏目徐州谢宸，中军官合肥刘鹏，把总休宁程万钟、安丘姜一中鼎建。

黄花城修城记刻石

"鼎建"刻石。明隆庆五年(1571年)四月。石刻原址不详。

隆庆五年孟夏之吉,总督蓟辽保定等处军务兼理粮饷兵部右侍郎兼都察院右佥都御史潍县刘应节,整饬蓟州等处边备兼巡抚顺天等府地方都察院右佥都御史肤施杨兆,巡按直隶监察御史高安傅孟春,整饬昌平等处兵备山东提刑按察司佥事蒲州张廷弼,镇守居庸昌平等处地方总兵官中军都督府都督佥事桐城杨四畏,分守黄花镇等处地方副总兵署都指挥佥事延安程九思,军门中军参将署督指挥佥事山东张功,督工保定府通判丹徒法恺,守备黄花镇地方以都指挥体统行事指挥佥事遵化李世臣,管工中军把总时道、王栋、蒯林、曹天爵、毛钊、张景阳、吴应□,匠役杨进才、李隆、刘甫增、田奉、王栋、李恩鼎建。

黄花路箭扣子修城记刻石

工程完工刻石。明万历四十五年(1617年)四月。石刻原址不详。

山东春防右营中部千总灵山卫三科武举指挥同知张尔忠分修黄花路箭扣子东接昌镇右车营工起至右车营工止,实心台一座,周围一十二丈,高连垛口三丈,内发券洞门一座,铁裹门二扇,上盖望亭三间,遵照原行俱用纯灰灌抿,如法修筑,坚固合式,于四月初十日告完。

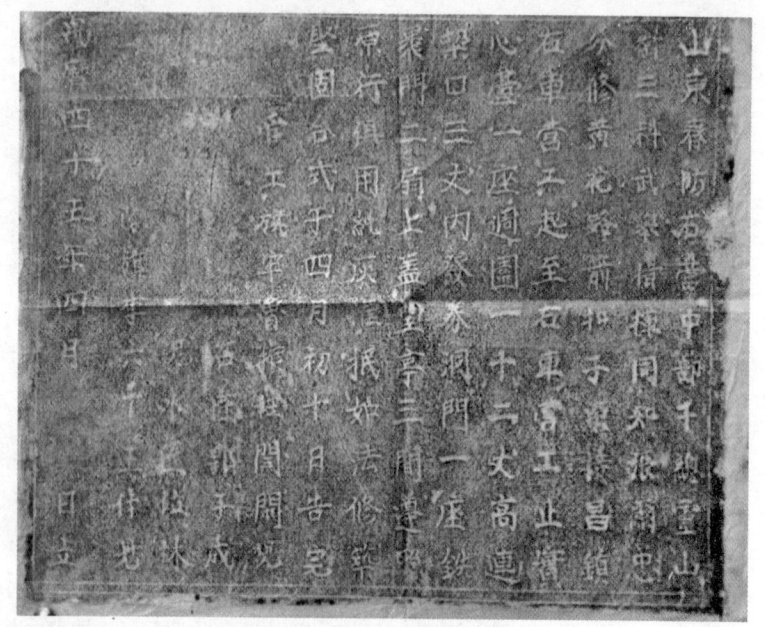

明万历四十五年（1617年）黄花路箭扣子修城记刻石

管工旗牢鲁振拄、闫闲儿，石匠郭子成，泥水匠位林，队旗李六千、王什儿。万历四十五年四月日立。

大榛峪修城记刻石

工程完工刻石。明万历四十二年（1614年）四月。石刻原址不详。

钦差山东都司军政佥书统领昌镇秋防左营官军都指挥佥事顾，奉文分发黄花路渤海所地方派修大榛峪二等边墙长四十五丈，底阔一丈六尺，收顶一丈二尺，高连垛口二丈，又三部□□□夥修空心敌台一座，周围一十六丈，高连垛口三丈，上盖铺房□间，遵照原行俱用纯灰如法垒砌，坚固合式，通修完讫。

计开：管工官，左部千总济南卫指挥一员法国勋，把总济南卫指挥百户一员高九江，右部千总管工中军□州左卫指挥一员高殿邦，济南把总□州左卫千户一员许子成，□□□□州左卫百户一员任世□，中部千总济南□□□一员□□□，头司把总济南卫千户一员□□□，二司把总济南卫指挥一员朱□□，安东卫千总指挥一员童国俊，诸城所把总百户一员何尔鸣，督工旗牌牢子二名郭振、李从□。万历四十二年九月日。

怀柔长城摩崖石刻

沙峪北沟摩崖石刻

位于渤海镇沙峪北沟村村北，早年这里是一座守边的城堡，名"擦石口堡"。沿此山沟而上三四公里就是长城"擦石口关"，目前发现有9处明万历年间的摩崖石刻，分布在长约3公里的山沟内。石刻文字除横刻"秦皇旧址"为阳文外其余8处均为阴文，文字约80厘米见方，是明代朝廷官员多次视察边关时题写的。

1.沟口路西一块巨石上，从右至左横刻"警心慎辔"四大字。右上首刻"辛丑"二小字。现在此处石刻已不存在。

2. 在碾磨沟东坡竖刻"观澜"二大字，左下方署名为"怀野"二小字。

3. 水头子干插边附近横刻"秦皇旧址"四大字，署名为"李逢时书"。

4. 在干插边北侧石壁上竖刻"秦皇旧址"四大字，无署名。

5. 在擦石口关谷口右壁上刻"明关"二字，署名"少山"。

6. 在双窑路东岩壁上竖刻"亟关逊险"四大字，署名已漫漶。

7. 在立洞子东侧，路北斜坡岩壁上竖刻"天限华夷"四大字，署名"怀野"。

8. 在"脖东洼"路北岩壁上，从右至左横刻"苍岩翠柏"四大字。右上首竖刻"万历壬寅春"等小字。左下方刻"李逢时书"。

9. 在"火车头"处，横刻"如堆"二大字，署名"少山"。

"金汤"摩崖石刻

位于黄花城头道关（本镇口）长城北侧的岩壁上，字高约 1.5

黄花城"金汤"摩崖石刻

米，楷书。中间阳刻"金汤"二大字，右上首刻"万历己卯春"（1579年），左下刻"金陵吴臣书"。

"天设金汤"摩崖石刻

位于大榛峪东"边坑水库"（双关子）下游。古时这里称磨石口关，其关口两侧山势陡峭，河谷弯曲狭长，距关口约200米处有守口城堡与西山的干插边相连，地理形势非常险要，易守难攻，故明代人许茂杞在城堡西北方的一块岩石上书"天设金汤"四大字。字约1米见方。右上首刻"大明万历戊寅秋"，左下方刻"灵宝许茂杞勒"。

"天设金汤"摩崖石刻

"吏隐"摩崖石刻

位于河防口关门东侧岩石上，横刻约 15 厘米见方的"吏隐"二字。

昌平长城石刻

"房良口"摩崖石刻

现存"房良口"三字摩崖石刻，刻于山崖上，距地表 2 米。高 0.7 米，宽 0.36 米，字径 15 厘米。字刻于嘉靖年间（1522—1566 年）。

延庆长城石刻

敕修居庸关碑

此碑已佚，碑文系据明王士翘《西关志·居庸卷之十·艺文》录出。又无立碑年月，根据碑文本身及居庸关出土文物，定为明景泰六年（1455 年）。

据《碑文》，该碑为明大学士陈循（1385 年—1462 年，明江西泰和人，字德遵，号芳洲）撰文，书者不详。

皇明敕修居庸关碑记　大学士泰和陈循

古者天子有道，守在四夷，而况圣明之世，仁声义闻洽于天下，天下之人爱戴归往，而向慕者远近为一，夫岂待于关城之立、兵戎之戍而后为守哉！然观有虞、成周，南则三苗逆命，北则猃狁为患，似不可以无守。然卒不能累虞、周者，以有仁义为本，所谓守在四夷是也。我国家承元运衰绝，诞膺天眷，抚有万方，圣德虽隆而心愈下。是以如有虞之儆戒游逸于四方，无虞之时，如成周之制治保邦于未危之日。此关城之立，兵戎之戍，所为见于居庸关，岂非以是欤？淮南子曰：天下有九塞，居庸其一焉。盖其为关，南拱京师，北控朔漠，东延袤于山海，西接势于太行。道未方车而悬崖已压其势，人将列骑而峭壁已填平膺。虽跨四千里之横冈，可却千万人之巨敌，诚天造地设之险也。洪武元年，征虏大将军魏国公徐达，既定元都，遂城居庸而门其中，置兵守之。五年，建守御千户所，三十二年，所废。永乐元年，守以隆庆卫及隆庆左右凡三卫指挥使司。既而止存隆庆，余悉他调。正统十四年，虏寇犯京师，攻围关城甚急。守臣今都知监左少监潘成辈，率官军御却之。明年，成乃奉敕督兵，增城其南，如旧者二，而通增其高厚，视旧加三之一，坚广过之。凡城所宜置者皆备。其有可通人马之处，则又弘用工力，悉令险峻如崖穿焉。其西缺处通水，自北而南，名为两河口者，悉皆浚治。又令垒石为梁，以便东西往来而限南北之势，遂皆悬绝于边鄙矣。虏使过者，往往仰而望焉，咸举手加额曰："我辈得至于此，非荷天皇帝恩容纳，虽生羽翼，岂能飞度！"其见惊异于远□也如此。岁之乙亥，成与都指挥佥事仲福等议曰："我等蒙恩镇守于此，关城之修葺，非得可信之言，刻石以传示于永久，曷以发后人继承之志哉？"乃相与请于朝，诏以命臣循为撰文。臣谨再拜稽首而述。铭曰：

于惟圣明，受天眷命。奄有万方，华夷悉定。东西之极，朔南而尽。声教所敷，远而无竟。爰必立埠，仁义为屏。萧、散及武，函谷关秦。暨于成皋，伊阙孟津。所以关汉，洛阳攸珍。何如居庸，番夏攸分。天造地设，上彻青云。巍巍神京，关实后峙。太行西傃，山海东秘。黄河南度，萦带千里。环抱外拱，天关中起。金汤之雄，孰愈于是。忆昨残虏，背义孤恩。尽率其旅，寇于关门。犬集豕合，蚁聚蜂屯。我戈不举，我矢不烦。坐困其劳，灰灭烟奔。自关内外，膏田广壤。女桑男耕，搜狩牧放。寒者足衣，饥者足饷。鸡犬晏恬，牛羊繁壮。匪关曷恃？匪恃何养？孰其致此？赖我明皇。武定祸乱，文致太平。弭乱于治，防危以兵。不尽恃关，有关必城。城立虽坚，选将必精。铁石门户，德教区宇。国无北忧，虏绝南顾。物遂其生，民安厥所，边鄙肃清，孰非此故。况荷圣皇，恩威广布，抑闻大《易》，有关必先。自我太祖，应人顺天。太宗继体，肇迹于燕。圣子神孙，帝业相传。雄

关作锁,于斯万年。(录自明·王士翘·《西关志·居庸卷之十·艺文》)

"察院题名记"碑

衙署碑。"察院"即居庸关西路监察御史的衙署,此碑为明张邦奇(宁波人,字常甫,号甬川,兀涯)撰文。无书人、无年月,据张邦奇嘉靖时官吏部右侍郎,碑文又言自正统甲子(十四年)迄今百有余岁,则此碑当为明嘉靖二十五年(1546年)前后。碑已佚,录文据明王士翘《西关志·居庸卷之十》。

京城西北百有二十里为居庸。层峦叠壁,横界北漠,而中断天门,势不方轨。古所称天下九塞,此其一也。秦汉以来,率以兵戍。我太祖收复幽燕,始城居庸,置卫守之。文皇帝定鼎燕都,则居庸尤为要关。乃申令益兵,致严封守。英庙时,始命监察御史一人往来巡视。自居庸抵紫荆、龙泉诸关,隆庆卫及各守御所,大小隘口、城台、屯堡各数十处。自京师至涿州、房山,真定、保定、河间三郡地方,延袤数百里。自分守、守备以至郡守、县令,大小诸司,合数十百人。其间官吏臧否,居民利病,得激励而兴除之。稽部伍,饬器械,清讼狱,谨储蓄,与夫修圮增卑,弥罅塞充,凡修攘保护之事皆属焉。是故得其人则夷狄畏而中国之势尊,不得其人反是,其责任固甚重也。顾自正统甲子,迄今百有余岁,而按察院题名之石未立。平厓钱君君望奉命来兹,视为次事。按阅经时，凤夜综画，金城肃如，胡马屏迹。乃于暇日旁批边志，得柳子华而下七十有八人，以其氏名乡贯，碑刻之。其不可考者虚之，将博访补列焉。而复虚其左方，以俟来者。予昔掌成均，君望尝卒业焉，相知为深，间以《记》来请。洪惟我祖宗肖德于天，极所覆帱，悉归统驭，宜不问中外。然《易》除器于《萃》，防患于《济》，事贵克豫，警在无虞，自古然也。矧兹雄塞天造，近拱都邑，控驭所先，尤宜加慎。国家百数十年，四夷来庭，边陲靖谧，固惟列圣威灵，而后先宪臣绸缪督理之功亦焉可诬。继自今深思戒备，益振弗衰，扬厉大烈于亿万斯年。则夫列名兹石，不亦重有光乎？且激扬之司，岂惟边关攸赖，将世道之隆汙实系，而卿相事业往往于是乎阶，一懋不懋之间，而绩效之相悬远甚。名之在是，人将以之轩轾于无穷，可不畏哉！此固钱君立石之意，而予亦与有望焉。钱君详敏凝重，以进士历抚州、永平二郡节推，迨擢今职，所至克树声绩，盖其志恒存远大。题名之举，亦征其一节云。

此碑名为"题名记"，而碑文中并无题名，应是题名原刻于碑阴或正文之后，但《西关志》作者所收碑文系据撰文者文集录入，故将之略去。

清水河分界碑

碑花岗岩质，圆首方座，加工粗糙。通高2.14米，碑高1.59

米，宽 0.64 米，厚 0.19 米，座高 0.55 米，宽 0.53 米，长 0.85 米。明宣德六年（1431 年）立，现位于八达岭镇岔道村东，八达岭关城"北门锁钥"门外 500 米，滚天沟沟口西侧半山腰上，为明代岔道与八达岭管辖范围的分界碑。

碑阳正上方正书"水长峪河"，左下为"迤东八达岭交界"，右下为"迤西岔道城交界"。碑阴正书"辛亥岁（明宣德六年，1431 年）吉旦，钦依守备八达岭城地方都指挥使汴梁夏熟"。此碑原在路南，因拓宽公路，迁到路北。碑旁砂河，即长水峪河。

　　长水峪河　　迤东八达岭交界

　　迤西岔道城交界

　　辛亥岁吉旦，钦依守备八达岭城地方都指挥使汴梁

夏熟

隆庆四年修城记刻石

"鼎建"刻石。明隆庆四年（1570 年）正月。此石刻原在石峡峪长城上。

刻石高 0.7 米，宽 0.46 米，厚 0.16 米。出土地点不详，现存于灵照寺内。

　　　　隆庆四年孟春之吉，总督蓟辽保定等处军务兼理粮饷兵部左侍郎兼都察院右佥都御史宜黄谭纶，整饬蓟州等处边备兼巡抚顺天等府地方都察院右佥都御史潍县刘应节，巡抚直隶监察御史高安傅孟春，整饬昌平等处兵备山东按察司佥事长治宋守约，镇守居庸昌

平等处地方总兵官中军都督府署都督佥事桐城杨四畏，总督军门中军官大宁都司署都指挥佥事潞州暴以平，分守居庸关等处地方参将署都指挥佥事济宁孙山，管工保定府通判丹徒法恺，经历余姚张炳，守备石峡峪地方固安孙堂，中军百户陆相，把总百户崔泰鼎建。木匠于学，石匠张朝，边匠王荣。居庸鲁春成文镌。

化字西五号台修城记刻石

"鼎建"刻石。明隆庆五年（1571年）三月。此碑原址不详。石现藏于八达岭长城博物馆。

隆庆五年季春之吉。总督蓟辽保定等处军务兼理粮饷兵部右侍郎兼都察院右佥都御史潍县刘应节，整饬蓟州等处边备兼巡抚顺天等府地方都察院右佥都御史肤施杨兆，巡按直隶监察御史晋江苏士润，巡按直隶等处监察御史仁和余希周，整饬昌平等处兵备山东按察司佥事蒲州张廷弼，镇守居庸昌平等处地方总兵官中军都督府都督佥事桐城杨四畏，总督军门中军官原任参将涞阳张爵，抚院中军官原任参将山海徐枝，昌镇中军官太仓季时，分守居庸关等处地方副总兵署都指挥佥事济宁孙山，巩华城游击将军署都指挥佥事渔阳李时，督工署通判事经历祁门张浦，本关经历海宁张炬，巩华营中军官千户张应元，管工哨总千户福经，把总千户王本仁，百户王世官、李愚鼎建。

隆庆五年修筑长城碑

"鼎建"刻石。明隆庆五年（1571年）九月。此石于1956年5月出土于八达岭北四楼山坡上，1961年4月整修长城时，嵌于"北门锁钥"城头平台北垛墙上。

隆庆五年季秋之吉，总督蓟辽保定等处军务兼理粮饷兵部右侍郎兼都察院右佥都御史潍县刘应节，整饬蓟州等处边备兼巡抚顺天等府地方都察院右佥都御史肤施杨兆，巡抚直隶监察御史仁和余希周，整饬昌平等处兵备山东按察司佥事蒲州张廷弼，镇守居庸昌平等处地方总兵官中军都督府都督佥事桐城杨四畏，总督军门中军官原任参将涞阳张爵，抚院中军官原任参将山海徐枝，昌镇中军官太仓季时，分守居庸关等处地方副总兵署都指挥佥事济宁孙山，督工署通判事经历祁门张蒲，本关经历海宁张恒，居庸中军指挥使张宇俊，把总指挥□□，管工头目吴堂，木匠张西，石匠杨文举，边匠李太□、常仁等鼎建。

小张家口分修边墙题名碑

"鼎建"刻石。明万历元年（1573年）九月。碑花岗岩石质。立式、圆首，通高1.13米，宽0.52米，厚0.14米。该碑现存于大榆树镇小张家口村王贵根家中，2001年6月4日文物调查时发现。据王贵根及其家人介绍，该碑两年前在其院内水井中出土。碑阳首刻楷书"万历元年秋季建立"8字，周围饰以阴线卷云纹。

碑文分两部分：第一部分楷书7行，每行23字；第二部分小字楷书5行，每行10字。碑文记述了万历元年（1573年）修建边墙官员的姓名。

万历元年秋季建立

钦差总督宣大山西军务兼太子太保兵部尚书山西蒲州王崇古，兵部右侍郎兼右佥都御史湖广嘉鱼方逢时，钦差巡抚宣府等处地方赞理军务右副都御史浙江山阴吴兑，巡按直隶监察御史浙江馀姚孙□，江西临川陈□□，镇朔将军镇守宣府等处总兵官都督同知陕西巩昌雷龙，整饬怀隆等处兵备山西提刑按察司副使直隶定远吴哲，分守宣府东路等处右参将都指挥陕西绥德白□□，提调宣府南山参将署都指挥佥事陕西榆林孙朝梁，中军怀安卫千户张维城，坐营宣府左卫指挥军相千总宣府前卫指挥王佑，把总怀来卫镇抚刘思，监工旗□王和。

明万历元年（1573年）小张家口分修边墙题名碑

石佛寺修长城记刻石

工程完工刻石。明万历十年(1582年)十月。刻石汉白玉石质，四周阴线勾勒卷草纹，高0.6米，宽1.19米，厚0.2米，已坏成3块。原镶嵌于八达岭镇石佛寺山南长城上，后修公路移至石佛寺村南公路旁，1992年修复水关段长城时，由镇政府移至水关长城关口左侧。

钦差山东都司军政佥书轮领秋防左营官军都指挥佥事寿春陆应元奉文分修居庸关路石佛寺地方边墙。东接右骑营工起，长七十五丈二尺，内石券门一座，督率本营官军修完。尊将管工官员镌名竖石，以垂永立。

管工官：

中军带管左部千总济南卫指挥刘有本；

右部千总青州左卫指挥刘光前；

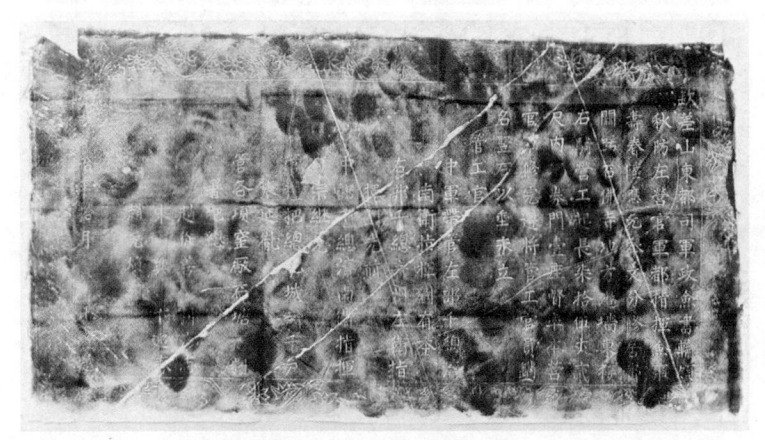

明万历十年（1582年）石佛寺修长城记刻石

中部千总济南卫指挥宗继先；

管粮把总肥城所千户张延胤；

管各项窑厂石塘办料署把总赵从善、刘彦志、宋典、卞迎春、赵元焕。

万历十年十月日鼎建

万历十年修长城记刻石

工程完工刻石。明万历十年（1582年）十月。刻石方形，高宽各0.7米，此石1961年曾被嵌于八达岭关城"居庸外镇"城楼上，具体来源不详，现藏于中国长城博物馆。

万历拾年秋防本镇左右部修工起自□石，伍名关横南台至八字贰号台止，共修城墙长四拾丈三尺五寸，城墙高连垛口贰丈五尺。自七月中起，至十月中止，计工叁个月完。今将经官员役□具于后：

钦差分守居庸关等处□副总兵都指挥定州胡□，

守备八达岭等处地方都指挥密云李凤志，

中军百户崔宝、刘宗录，

把总百户徐钦、张印、陆文镖，

管工头目赵淮、焦大义，

管烧灰头目□□、谈名，

窑匠头目镇役王锐、杨二十，

泥瓦匠头目镇役□明、张举、李赞、盖臣。

万历拾年拾月吉日立

"春防居庸路石峡峪工尾"刻石

工程范围标志刻石。明万历十七年（1589年）。刻石为汉白玉石质，高0.65米，宽0.23米，厚0.07米，2000年5月从石峡村征集，现藏于中国长城博物馆，上镌双钩正书一行"万历十七年春防居庸路石峡峪工尾"15个字。

据实地勘察，从南天门至石峡一段的明长城上，每隔一段就一个安装此类刻石的痕迹。另外在2001年8月对石峡村东段长城调查过程中，在黄花顶往下第二楼（第66号楼）北侧垛墙内壁城砖上同样发现楷体阴刻"右车营工头"5个字，结合以前在石佛寺东山顶长城上发现的"山东左营工起"等字分析，明代分修长城时，各段都有标志工程首尾的界碑，以标示工程范围。

明万历十七年（1589年）"春防居庸路石峡峪工尾"刻石

万历十七年春防居庸路石峡峪工尾

"重修八达岭察院公馆"刻石

工程完工刻石。明天启三年（1623年）夏至日。刻石为汉白玉石质，高0.48米，宽0.4米，厚0.15米。1956年5月修公路时出土，1961年4月镶在"北门锁钥"城台垛墙上，现藏于中国长城博物馆。铭文10行,满行13字。

　　八达岭门内旧有察院公馆,其衙宇年深凋敝颓圮,大属不堪。每遇上司经过息辄焦思不遑宁处,倘若驻跸,讵谓亵狎非便,抑且偶值淫雨,漏倾可虞。因而董役缮修,务令完固,以志敬谨之意云耳。时天启三年癸亥长至夏日,钦依八达岭守备署指挥佥事己未武进士维杨谢君恩谨识。

明天启三年（1623年）"重修八达岭察院公馆"刻石

香屯分修长城题名刻石

　　工程完工刻石。明天启三年（1623年）十月。此石为1973年503地质队在延庆县大庄科乡香屯村挖地时出土。现存于灵照寺内。刻石为汉白玉石质,长0.56米,高0.44米,厚0.09米,四周阴线勾勒连枝纹,边角残损,字迹不清。铭文15行,每行19字,正书。

　　钦差分守黄花镇等处地方驻扎防御参将都指挥徐镇

邻，钦差守备黄花镇地方都指挥黑坨行事指挥佥事赵文魁，主兵黄花镇秋防把总□□□率修工匠夫四百七十五名，修完西皇日两镇□春防右车营工尾处三等边墙□□八分□□四分，底阔一丈四尺，收顶一丈四尺，垛口一丈五尺，通道厚行如法修筑，合□□□□□十月十四日迤修完讫。计开：督工中军官一员陈志；督工把总官一员赵实；督工头目一名张仓；督工参将二名，王印、周禄；督工□守一名张真；边店囊丘三名：常有、刘驴儿、杨宽。天启三年十月吉日。

延庆关隘城堡门额

"庸关"二字残门额

关隘门额石刻。残长 1.05 米，高 0.55 米，厚 0.2 米，每字高 0.5 米至 0.54 米，宽 0.36 米至 0.42 米，明景泰元年（1450 年）三月。1997 年修八达岭高速公路时出土于延庆县八达岭镇三堡村南，现藏于中国长城博物馆。长方形，残，只余"庸关"二字，已断为两块。汉白玉石质，"庸关"二字为双钩正书，落款为"大明景泰元年三月吉日造"。该门额的出土对研究居庸关的历史变迁具有重要意义。"在居庸关与八达岭之间尚有上关遗址一处，当即明初徐达所修的居庸关旧址"（见《罗哲文长城文集·居庸关》

居庸关石额残存之"庸关"

一文),目前居庸关关城上的门额为"景泰五年"立,"庸关"二字却刻于景泰元年,出土于上关附近,正好印证了上关即为明初居庸关所在地。

(上缺)庸关(双钩楷书)

大明景泰元年三月吉日造

"居庸外镇"门额

关隘门额石刻。三石拼合,汉白玉石质,通长2.88米,高0.72米,每字高0.65米至0.68米,宽0.49米至0.50米。双钩楷书。明嘉靖十八年(1539年)八月,陈豪书。嵌于八达岭关城东门门洞上方,刻于明嘉靖十八年。上款"巡按监察御史陈豪书",落款"嘉靖己亥仲秋吉旦立",中间"居庸外镇"四字,刻于三块巨石之上。明嘉靖十六年、十七年前后,朵颜等部经常侵扰关外永宁、延庆、

明嘉靖十八年（1539年）"居庸外镇"门额

柳沟、岔道、八达岭等地，烧杀掳掠，民不聊生。明王朝一方面派兵抵御，一方面加紧修筑防御工程。此门额说明在嘉靖十八年前后八达岭关城曾进行过修缮。因此，嘉靖二十一年(1542年)巡按直隶监察御史邓芸巡视关外诸隘口时，才看到当时八达岭已"修理完固，军人齐备，营房、城垣无不可守"的景象。(《西关志·居庸关》卷之七《章疏》之《遵上谕疏》)

巡按监察御史陈豪书

居庸外镇

嘉靖己亥仲秋吉旦立

"石峡峪堡"门额

城堡门额石刻。明万历四年（1576年）十月。石残甚，仅存残石5块，拼合后，残高0.6米，宽1.01米，厚0.2米。"石峡峪堡"四字双钩楷书，字体工整有力，字径0.2米。整体呈长方形，残甚，现仅存碎碑5块，隐约可以看出是门额，汉白玉石质。该门额原应镶嵌在石峡堡城门上。2000年从石峡村征集，现藏于中国长城博物馆。上款残存文字为"……平等处兵备右参议蒲校任□……平等处总兵官都督定辽杨四畏"。下款残存"万□（历）四年岁次丙子冬拾月吉旦立"等字，中间双钩横书"石峡峪堡"四字，均正书，每字0.2米见方。该门额的发现为研究石峡一带的长城营堡的修建具有重要的价值。

……平等处兵备右参议蒲校任□……平等处总兵官都督定辽杨四畏

石峡峪堡

万□（历）四年岁次丙子冬拾月吉旦立

"北门锁钥"门额

关隘门额石刻。五石拼成，通长2.26米，高0.91米。中间阴刻"北门锁钥"四字，每字高0.48米至0.52米，宽0.44米至0.51米，均为正书。明万历十年(1582年)五月。嵌于八达岭关城西城门门洞上方。刻于5块汉白玉巨石上，整体呈长方形。

万历十年岁次壬午伍月吉日立。

北门锁钥

钦差总督蓟辽保定等处军务兵部尚书兼都察院左副督御史山阴吴兑，巡按直隶监察御史新喻敖鲲，右参议

八达岭西城门"北门锁钥"石额

兼按察司佥事延安岳汴，左营中军都督府右都督辽阳杨四畏，副总兵官署都指挥佥事定远胡懋功，□指挥体统行事指挥佥事密云李凤仙。

"川字一号"门额

敌楼门额刻石。石长约1.5米，高约0.4米。右下角残。匾中央刻双钩"川字一号"四字。无年月及书人。现仍嵌于石佛寺村东"川字一号"台敌楼门洞上方。汉白玉石质。"川字一号"台为石佛寺段长城最东侧敌楼。

川字一号

"川字一号"门额

延庆长城题诗碑

明徐永胤《登火焰山次韵六首》诗碑

诗文刻石。刻石横长形，高 0.68 米，宽 1.58 米，厚 0.20 米。碑文行楷书，南山参将关中徐永胤书，明天启元年 (1621 年) 三月。青石质，阴刻 37 行，每行 15 字，刊刻七律诗 6 首。任朝奎镌。

登火焰山次韵六首

次郭中丞

绝巘高悬百尺楼，巡方乘暇一遨游。
天开保障星辰近，地接陵京锁钥收。
诗有锦囊成胜赏，人缘玉食抱先忧。
顾余意任封疆寄，不惜驱驰最上头。

次吴按台

焰山高处敞层台，徙倚披襟意快哉。
风入翠涛虓虎吼，日临金阙衮龙来。
个中天险华夷隔，望里烟霞毫画开。
树杪斜阳促归斾，兴豪不惜罄余杯。

次徐按台二首

其一

磐石河山百二州,有台宏敞更深幽。
遥峰起揽清相送,宿雨初晴翠欲流。
御史巡方霜筛肃,神京入望晚岚收。
恭逢圣世当全盛,政好题诗纪宴游。

其二

队队旌干甲士重,翩翩振衣上危峰。
徘徊雁塞都如画,登揽狼胥似可封。
万寿有山悬日月,四郊何处不芙蓉。
盘龙踞虎皇图壮,何必金陵访旧踪?

次铜梁张中丞二首

其一

北极层台天际头,凭栏景物望中收。
明时运祚逾三代,此地河山甲九州。
限在华夷凭锁钥,漫夸世界到阎浮。
我来访古无穷思,赋就还登王粲楼。

其二

一带横冈障朔边,晴岚吐焰烛危巅。
层楼登揽千岩秀,方策标奇万古传。
帝里具瞻红日近,寝园遥拱翠华悬。
况逢好景当三月,处处山花暖欲然。

明徐申《登火焰山漫题二首》诗碑

诗文碑,碑为圆首,通高1.9米,宽0.8米,厚0.2米。碑文9行,每行24字,万历十三年(1585年)立。姑苏徐申题。碑为立式,青石质,该碑原倒卧于火焰山敌楼北侧,现已竖立原地。

万历乙酉,予巡行上谷,兼叼视师,抵乐偏。六月望日,同王总戎、丁宪副、刘少参登火焰山,漫题二首。

其一

天际丹梯拱帝州,高台插汉眺燕幽。
风云北极凭栏动,星斗西垂倚剑流。
龙啸层巅朝雨霁,虹垂大漠夕阳收。
幸簪白笔随行暇,暂向青山纪胜游。

其一

晓雾扬兵紫气重,振衣一上最高峰。
树从碣石晴霞绕,酒近华阳彩雾封。
双阙长风吹薜荔,九陵明月挂芙蓉。
群公鸣珮山云起,仿佛相携尘外踪。

万历乙酉姑苏徐申题。

《四海冶城》诗刻石

诗文刻石。汉白玉石质,高0.5米,宽0.9米,四周饰阴线卷草纹,镶嵌于四海城北门口附近原村委会临街西山墙上。铭文

8 行，每行 12 字，无年月。邢台玉泉赵孔昭书。诗曰：

四海冶城

屏障天开海冶城，烽楼粉堞拱神京。

月明上公无传箭，霜冷黄花尚戍兵。

宵旰新官宽圣虑，犬羊北海遁腥营。

由来韩范称多算，推毂边陲辅太平。

时芳溪江公□大司马兼□保安镇云邢台玉泉赵孔昭书

《黑龙潭览胜》诗碑

诗文刻石。碑为立式，圆首，汉白玉石质，通高 0.73 米，厚 0.17 米。额篆"莽谊胜铭"四字，周围阴线勾勒云纹。碑文正书 11 行，每行 11 字，为明嘉靖四十四年（1565 年）燕东参将高延龄一行五人委修筑南山边墙期间游黑龙潭时所题的二首五言律诗。该碑原嵌于黑龙潭西壁，现存于岔道村村委会院内。黑龙潭位于八达岭镇岔道村西约 1.5 公里处，1985 年公布为延庆县文物保护单位。其三面绝壁，西北开一口，面积约 80 平方米，深 2 米至 3 米，景致颇佳。

燕东参将高延龄同上谷总兵官欧阳安、参戎周一元、游戎张楷承、钦差总督宣大兵部尚书江责委修筑南山，因见石泉胜概，并记二律，以垂不朽。

南山重设险，环抱巩京畿。

势压昆仑北，雄吞渤海西。

连城收鼓角，绝塞卷旌旗。
共享清时乐，不闻万马嘶。

两壁浑如口，一流却似吞。
无舟来怪石，有日曜浮金。
滩水溶溶撞，峰云隐隐侵。
游观绝胜处，天地一开襟。
明嘉靖四十四年五月五日全顿首谨立。

门头沟区长城石刻

王平口城门重修碑记刻石

王平口关城边有《王平口城门重修碑记》残碑，王平汛、刘古元撰文，清咸丰六年（1856年）立。门头沟区政府1985年将其公布为第二批文物保护单位。

沿河口修城记刻石

长城碑刻。明万历十九年（1591年）立。由总理紫荆等关保定府地方兵备兼理马政驿传山西提刑按察使司副使北海冯子履撰并书丹。碑身连首高2.17米，宽0.88米，汉白玉石质。原立于沿河城圣人庙前，现存沿河城办事处。碑座已失，仅存碑额、碑身。

国家以燕云为门户，以蓟为屏。而沿河口当两镇之交，东望都邑，西走塞上而通大漠，浑河汤汤襟带其左，盖腹心要害处也。今皇帝六年，御史中丞张公来抚畿南，按行兹土，则询其将吏曰："是固宜有城。今邑路郊保皆城，而兹阙如也？"对曰："先抚臣请于朝矣，而未竟也。"公曰："夫业已得请，奈何玩岁视荫而稽成命？守土之谓何？"则命将吏具畚锸，积储□，期期而不就，罪之；命将校督吏卒，分工而作，期期而不就，罪之。将校及吏士奉约束惟谨，凡数月告成事。上闻而嘉之，晋公副都御史，留镇抚如故，赐将吏各有差。

余惟设险守国戒于易，而宋儒以为，重门击柝，为待衰世之意，小康之事耳。夫岂惟小康？即天子有道，守在四夷，亦岂能遽忘备哉？然则戍虎牢，去下阳，《春秋》无讥矣。先是，虏□如塞，民惊溃散去，保匿山谷间，士之属橐鞬、出捕虏者，志死绥而犹以内顾分其锐，病在无城。且地当万山中，潢池桴鼓时时而有，百姓未能帖席卧也。不能备盗，何论备虏？假令之役，以坚城当其冲，虏即深入，则狼顾而恐议其后，此则利害较然矣。今士民赖主上神武，大虏内附，无赤羽之警，籍公筹策，以其间为此城也，平居不复忧盗，一旦有缓急，急入收保，恁坚城而守，据河上流为天堑，而壮士挽强赴敌，人人自坚无二心，西扼虏，东护三辅诸郡国，燕亳、易水之间可高枕而无忧房，此其为国家计久远。岂惟一城？天下无事，边臣不复修备，即修备，亦不复见功。顷者房闲于西陲，而言者始扼腕御房事，练甲缮塞，凛凛不暇给。余从直指周视关城，未有如沿河口之壮者也，夫惟远计顾画之臣，见未形而备不然，语曰，众心成城，价人维藩，是城也，实于莘毂称藩篱，惟公之经略以及于此也。故知设险守国，要惟在任人哉。公名卤，别号浒东，河南仪封人，余则公礼闱中所取士云。

万历十九年辛卯夏四月吉日。

赐进士第中宪大夫奉敕总理紫荆等关保定府地方兵备兼理马政驿传山西提刑按察使司副使北海冯子履撰并书

沿河城守备府题名碑（残）

长城碑刻。明天启四年（1624年）"守备沿河口地方都指挥"张经纬立。碑残高1.11米，宽0.65米，上半部残损。碑文漫漶严重。

该碑残存部分所刻为守备沿河口前后十九任将官之姓名、籍贯、官职、到任及升迁时间等。立碑人张经纬为直隶河间府人，天启三年（1623年）六月十九日到任，六年（1626年）八月升任天津都院中军游击。碑文关于历任守将之职责有如下记载：

修道途，兴水利，多栽植，以遗惠将来；薄奢侈，从俭约，以挽颓风，治公事如私事，以实心做实事，兢朝夕砥砺，期以尽吾职，俯仰之间，□期以及，交待时果边山已从密乎？营伍已充实乎？备守已固乎？烽火已明乎？人皆向义乎？风俗已还淳乎？

　　毋使后人以不忠不孝指斥之……

修黄草梁九号敌台刻石

"鼎建"刻石。明万历三年（1575年）秋。该石刻现存，嵌于黄草梁（长城天津关所据山峰名）沿字九号敌台壁上。

　　万历元年秋癸酉，阅视蓟辽保定边务兵部右侍郎兼都察院右佥都御史歙县汪道昆，总督蓟辽保定等处军务兼理粮饷兵部右侍郎兼都察院右佥都御史肤施杨兆，巡抚保定等府地方兼提督紫荆等关都察院右佥都御史富平孙丕扬，巡抚直隶监察御史庐陵贺一桂，提督紫荆等关

黄草梁长城

兵备山东提刑按察司按察使成都高文荐，镇守保定等处地方总兵官都督佥事延绥傅津，分守马水口等处地方参将固原满朝相，保定府管紫荆关务河间长芦都转运盐使司同知安宁张烛，沿河口守备真定曹师彬，监工天津管总保定千户王卿，沿河巡捕保定千户萧华，万历三年秋防鼎建。

修长城敌台刻石

"鼎建"刻石。明万历三年（1575年）秋。该石原址不详，现藏于门头沟区博物馆。

万历元年秋，阅视蓟辽保定边务兵部右侍郎兼都察院右佥都御史歙县汪道昆，总督蓟辽保定等处军务兼理粮饷兵部右侍郎兼都察院右迁都御史肤施杨兆，巡抚保定等府地方兼提督紫荆等关都察院右佥都御史富平孙丕扬，巡抚直隶监察御史庐陵贺一桂，提督紫荆等关兵备山东提刑按察司按察使成都高文荐，镇守保定等处地方总兵官都督佥事延绥傅津，分守马水口等处地方参将固原满朝相，保定府管紫荆关务河间长芦都转运盐使司同知安宁张烛，沿河口守备真定曹师彬，委官保定经历上饶桂学斯，监工天津管总保定千户王卿，沿河巡捕保定千户萧华，万历三年秋防鼎建。

斋堂城西门"辑宁"石额(残)

石质城堡匾额。左上角残损,损去年号及年月,据现存该城东门"廓清"匾额,应为明万历四十五年(1617年)四月立。解经邦双钩楷书,字径约50厘米。原嵌于斋堂城西门门洞上方,现藏于门头沟区博物馆。

□□□□□□孟夏吉旦

辑宁

易州兵备道山西按察使解经邦立。

斋堂城东门"廓清"石额

石质城堡匾额。明万历四十五年(1617年)四月。形制、书体同上举《辑宁》石额。现仍嵌于斋堂城东门上方。

廓清

"沿字拾伍号台"石额

石质敌台匾额。无年月及书人。双钩楷书,字径约10厘米,横书,自右向左读,原址不详,现藏于门头沟区博物馆。

沿字拾伍号台

"沿字拾叁号台"石额

石质敌台匾额。无年月及书人。双钩楷书,字径约10厘米,横书,自右向左读。原址不详,现藏于门头沟区博物馆。

沿字拾叁号台

明代沿字3号敌楼

文献、文抄

明代的《大明一统志》《隆庆志》《西关志》,清代的《延庆州志》《延庆州乡土志》《日下旧闻考》等文献,成为研究长城的重要文献。此外,有关长城的奏章、铭、记等也是长城文化的重要内容。

文 献

《大明一统志》

明李贤等编撰，三秦出版社出版，分上、下两册。依陕西师范大学图书馆所藏明天顺五年（1461年）司礼监原刻本影印。该书为天顺二年（1458年）英宗敕谕吏部尚书李贤等重修。天顺五年（1461年）完成，共九十卷。

《隆庆志》

宁波天一阁藏，明代方志选刊。1962年7月上海古籍书店据天一阁藏明嘉靖刻本影印，十卷三册，附图八张，分地理、官署、食货、职官、文事、武备、人物、宫室、恩命、艺文等十类。编氓蒲坂后学谢庭桂，郡后学苏乾续编。书中载有明成化十一年（1475年）岁秋九月朔旦谢庭桂所作《隆庆志后序》，明嘉靖二十七年（1548年）戊申七月望日苏乾所作《隆庆续志序》，从中可知成书的过程和时间。

《西关志》

《西关志》是论述明代长城关隘的第一部志书，明嘉靖年间，王士翘任巡抚西关御史时编纂成书,西关系指京师西北而迤南的居庸关、紫荆关、倒马关和故关。书稿成于明嘉靖二十七年(1548年),有明嘉靖二十七年(1548年)、明万历四十年(1612年)序刻本。1990年北京出版社出版标点本。

该书居庸关志十卷,紫荆关八卷,倒马关与故关各七卷。卷首有长城走向版刻图及图论。居庸关卷一为沿革、疆域、形胜、星野、山川、关隘、城池;卷二为军马、墩台、边墙、摆铺(驿站);卷三为仓场、草场、库房、校场、屯堡、征徭、岁用、公廨、学校、官司(忠义附);卷四为人物(孝行贞节附)、风俗、物产、祠庙(寺观附)、坛壝、陵墓、驿传、巡司、铺舍、桥梁、窑冶、牌坊、古迹、矿洞;卷五为制敕;卷六、卷七为章疏;卷八至卷十为艺文。

居庸图论,立论为"居庸两山壁立,岩险于今古,盖指关而言。愚窃谓居庸之险不在关城,而在八达岭。是岭,关山最高者"。"由八达岭南下关城,真所谓降若趋井者。"指出"拓城以除山,今之急务"。

关于沿革,"按居庸关名称自秦始,秦以上不可考。汉仍名居庸,亦名军都关者,关东南二十里有高山,汉于山下设军都县以屯兵,即今昌平旧城。因以军都名山,亦以名关"。其后列举战国至秦汉、后魏、北齐修筑城障若干历史记载,以及与居庸关有关历代征战概况。

述及形胜,有云:"南环凤阙,北枕龙沙,东连军都之雄,西界桑乾之浚。其隘如线,其侧如倾,升若扪参,降若趋井,翠屏吐秀,金柜吞奇,跨四十里之横岗,据八达岭之要害。诚天造

《西关志》图1

《西关志》图2

地设之险，内忧外患之防。"

居庸关所辖隘口：中路十二处，北路六处，南路十二处，均隶本关，各委官员管，东路隘口十四处，设把总一员。西路：白羊口十处，长峪城十六处，横岭十四处，镇边城二十三处，均设守备或把总一人统管。

城池"前代无考"。洪武元年（1368年），徐达、常遇春北伐燕京，元主夜出居庸关北遁，二公遂于此规划"建立关城"。居庸关城及八达岭等关城建制均有较详细记载。

军马名目有：旗军、马操、杂差、步操、鼓手、火药匠、看守、贴马、医士、递送公文、阴阳生、砖窑军、巡山、仓斗、草场、果园、兵杖等墩台位置、数目亦有明细记载。

库房名目有：银库、神机库、库藏。

军器有明盔、甲、长枪、圆木挨牌、长木牌、斩马刀、撒袋、弓、弦、箭、攒竹长枪、腰刀。神器有神枪、大将军铁炮、二将军铁炮、大将军铜炮、小将军铜炮、神铳、大铜佛朗机、神炮、飞炮、铜铳、铁铳、马上佛朗机、神箭、铁宣风炮、缨子炮、铁佛朗机、铁三起炮、虎尾炮、碗口炮、小神炮、火药、药线、铁蒺藜等。

皇帝敕谕有三：一谕佥都御史孙应奎，命往密云、居庸关、白羊口等地整饬边备，修理城池关隘，督理粮储，计议军情边务；二谕监察御史王士翘，往居庸关至龙泉关一带踏勘大小关隘，整饬器械，操演武艺，令守关空闲官兵烧造采办合用砖灰木石等料应用；三谕都指挥佥事张元勋，特命分守居庸关，并提调白羊等口，操练军马，修固城池，申严号令，仔细关防。以上三谕均严禁砍伐沿边树木，致成空旷。

　　章疏二十四通，除钦遵敕谕内容外，多为紧急声息（军情），请增兵布防、添处民兵、屯田汰冗、轮班屯守、添设墩堡、边军粮饷、查点马匹、岔道堡设防、借给久欠俸银等。是明代正德、嘉靖年间关于居庸关与八达岭长城的第一手纪实材料，反映了当时政治、经济、军事、城建、交通、震情诸方面的状况及得失与弊端。杨谷上疏"权奸、贵阉、旗校、火牌人等势如狼虎"，"边军财殚力尽，只靠月粮一石度日，尚关黑豆五斗；其半年折色，每月只得银四钱五分，衣甲旗枪又令自备，羸形鬼面，号令不扬，垂首丧气。"正德十二年至十三年（1517年—1518年）张钦三次冒死上疏，矛头直指皇帝，并敢于闭关，谏请回銮，不让正德皇帝出关游玩，堪称历代章疏中的精品。

　　艺文两卷，为金元明时代咏居庸关诗，计有八达岭、长峪、横岭、镇边城、白羊口等地与居庸八景，言景、言情、言事，不乏佳作。

　　另十卷为《修居庸关碑记》《察院题备记》《重修隆庆卫儒学记》、旌表罗通、张钦祠记、图记、《跋居庸关集》《叠翠书馆记》等，亦提供了居庸关不少史料。末篇为西关志居庸附录，列述成志经过与人事。

《延庆卫志略》

　　一卷，上下本，影印，清乾隆十年（1745年）版。卫守务中州李士宣同校，楚长沙沩宁周硕熏编辑，卫学训导保安王隆恭订，拔贡执至县丞张欲违诠次。本书无目录，依次为：纪事、关隘、巡察、山川、屯堡、建置、地丁、学校、人物、贞节、科第、勇士、驿站、任官、艺文。

《日下旧闻考》

《日下旧闻考》，原名《钦定日下旧闻考》，160卷。清乾隆三十九年（1774年），于敏中、英廉任总裁，窦光鼐、朱筠等奉旨编纂，历时十余年，于乾隆五十年至五十二年（1785年—1787年）刻版成书。本书据清初学者朱彝尊《日下旧闻》作考订补充而成，删繁补缺，考证严谨，堪称清代有关北京史地资料中最完备的汇编。其中152卷至154卷为《边障》，介绍拱卫京师的一些重要关隘，如长城古北口、居庸关等，主要著录考证了明代长城关镇建制及有关资料。

《日下旧闻考》卷一百五十二《边障》卷首

该书卷首表述了对边障的基本观点，即"山河之固，在德不在险。舜时幽营之地界在辽水东西，后代德不能及远，乃有边防。明初徐达筑边墙，自山海关西抵慕田峪一千七百余里，厄塞又安足恃乎？"随后颂扬清代"威德远扬，舆图式廓，每岁恭值避暑、行围，自古北口外兴桓名胜之区，清陛所临，皆为都邑。奚有于此疆尔界也？"但在总叙蓟州一些关寨时，增补了《渔石集》（明·唐龙著）中一段文字"宣府、大同、藩篱也；居庸、紫荆、门户也；顺天、正定、保定等府州县，堂室也。藩篱密，斯门户固；门户固，斯堂室安"。点出了边防对保卫北京等地的重要性。

该书开篇简述了燕蓟修筑长城历史："燕筑长城，自造阳至襄平，置上谷、渔阳、右北平、辽西、辽东郡。"（引自《史记》）天保六年，"发夫一百八十万人筑长城，自幽州北夏口至恒州九百余里"。（引自《北齐书》）"开皇长城起岚州合河县，经幽州，皆因古迹修筑。"（引自《元和郡县制》）

末尾总叙了蓟昌各路关寨："京城口九十里昌平州，州东北九十里黄花镇，自镇历白马、

《北齐书·大宣帝纪》书影

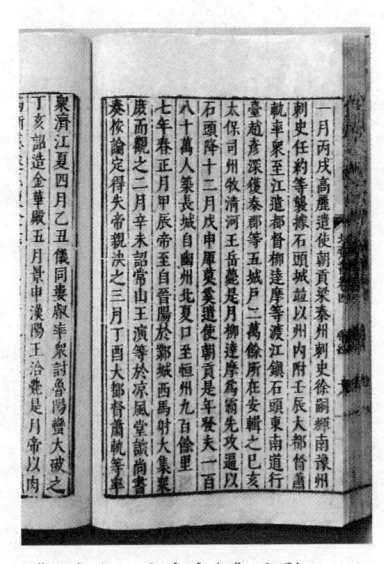

陈家、吊马等峪关口四十八而古北口，又一十四关口至峨嵋塞，中历黄松峪、将军石凡五口而蓟州东岸峪，自关以东历宽峪等关凡十口而遵化县之马兰峪，乃历沙皮、罗文、松青、龙井儿、潘家口、团亭寨关口三十一而喜峰口，又七十里而迁安县之青山口，又十二口而冷口，又三口而刘家口，又四口而卢龙县之桃林口，又四口而昌黎县之界岭、箭杆等六口，而抚宁县之义院口，又石

门等五口而董家口、历大毛山、小青山等十四而山海关。"

其记叙今北京地区的长城，依自东向西的走向，分蓟州关寨、昌平关寨、横岭路三段，列叙关寨。

蓟州关寨

含喜峰口、松亭关、松棚路、三屯营、马兰峪路。关隘之要有四：古北口、居庸关、喜峰口、松亭关，烽堠相望者196处。(《明实录》)

东起山海关，西迄居庸关，延袤约二千一百里，皆属蓟镇、隘口共120处。(《方舆纪要》)

蓟镇边分东、中、西三路。西路帅驻石匣营，所急者四：墙子岭、曹家寨、古北口、石塘岭、均在密云县。"其边墙皆依山凑筑，大道为关，小道为口，屯军曰营，列守曰寨。"(《方舆纪要》)

据《明会典》《昌平山水记》等史籍记载，列述了明初华云龙、郑亨、唐云等将领营建关寨及戍守经过，又指出"蓟镇经画台墙，规制俱出于戚少保"，按戚继光（1528年—1587年）从东南沿海抗倭前线调到北方，镇守蓟州，时在明代隆庆元年（1567年），在镇16年，至万历十年（1582年）。而"蓟镇设督臣，自嘉靖二十九年（1550年）始"。"文皇（朱棣）靖难，乌梁海内附。……大宁之地尽畀乌梁海通负互市，诺音、大宁、福余三卫是也。"可见关寨之建，并未阻断少数民族与内地的贸易往来。

据明代宣德年间萧镃《大喜峰口关城兴造记略》，对都察院右佥都御史邹来学督造山海关以西，至天寿山以东关城行造，记述颇详。

蓟州关寨自马兰峪路后，即进入西路今北京平谷境内，"将军营夏关寨五：彰作里关、将军关、黑水湾寨、黄松谷关、峨嵋山寨。"对曹家路、墙子路、古北口路、石匣营以及石塘路（在今密云区境）关寨、交通、军事、古籍均有记载，就中以古北口的记述，最为详尽。

昌平关寨

蓟、昌先本一镇，明嘉靖三十年（1551年）始分为二：蓟镇边城1474里，城堡71座，附墙台146座，敌台1095座，主兵73562名，客兵57573名，昌镇边城282里，城堡13座，附墙台39座，敌台237座，主兵17744名，客兵13179名。分为二镇的目的是保卫皇陵，加强京畿防卫。

昌平设有总兵，东历东山口至黄花镇，西历南山口至镇边城，形成左右两翼，左翼住四海冶，以防陵东，与黄花镇策应，右翼住榆林，以防陵西，与镇边城策应，天寿山至皇陵居中，安如泰山。

黄花镇路在今怀柔中南部，包括慕田峪、渤海所、黄花镇等处关隘，黄花镇誉为京师北门，"东则山海，西则居庸，其北邻四海冶，极为紧要之区，故弘治中遣总制严兰经略东西诸关。"（《长安客话》）

本书卷154，以大量篇幅，记述了居庸关的得名，有关历史、名称的演变、军事守备、战役、形胜、掌故等，写到云台时，引用《昌平山水记》所载，过街塔"临南北大路，累石为台如谯楼，而豂其下以通车马"，"下豂处刻佛像及经，有汉字亦有番字。元泰定三年（1326年）所镌也"。明代居庸关，洪武元年（1368年）大将军徐达建，景泰六年（1455年）六月，修居庸关城毕工。此卷还载录了历代咏居庸关诗五十余首（包括康熙、乾隆御制诗）。此后又列述了以八达岭为主的居庸路，指出八达岭为明弘治十八年（1505年）建。

横岭路

"横岭路东自软枣顶，西至挂枝庵，南至居庸关，北至怀来城，隘口三十有九。"包括白羊口（昌平区境）、横岭、镇边城（今河北境）、沿河口（门头沟区）。长城走向，大体在八达岭西南，经横岭、镇边城，至沿河口一段，列述了各隘口、形势、交通情况、险峻处，重峦叠嶂，仅通或不通步骑，镇边城"西十里有堠曰唐耳，背据大山，下视怀来，足为天险"。

《光绪顺天府志》

清周家楣、缪荃孙等编修，初版于清光绪十二年（1886年），全书130卷，有京师、地理、河渠、食货、经政、故事、官师、人物、艺文、金石等志，为清末官修以北京为中心的顺天府志书。誉为可"信今传后"的权威著述。

书中《地理志十二·边关》，为国子监学正蔡庚年纂，缪荃孙辑。开篇综述"京师西北，天设险要，自古用武必争之地，汉言卢龙之塞，唐重渝关之险，明初徐达筑边墙，自山海关西抵慕田峪一千七百余里"，若自"马兰峪拦马墙入境，西至昌平黄花镇出境，共千九百余里"。

文中所述边墙，经蓟州、密云、怀柔、昌平、延庆，分段记述了关、寨、峪、口等处地理形势、交通状况与历史掌故，唯详

横岭长城

略不同，详者如古北口、居庸关、黄花镇，简略之处，仅四五字交代，其间均以里计程，引用前人地志著作颇多，如《三边机务总要》《三镇边务总要》《昌平山水记》《水经注》《方舆纪要》《畿辅通志》《九边图说》《昌平州志》等。

书中《经政志十·营制》，傅云龙纂，缪荃孙辑，附前代兵制考，对明代兵制记述甚详，明洪武年间，即定下卫所，北平所辖有蓟州卫、密云卫等六卫。"天下既定，一郡者设所，连郡者设卫，大率五千六百人为卫，千一百二十人为千户所，百十有二人为百户所"，明嘉靖年间，加强边关武备，设有总兵、副总兵、提督、参将、守备、千总、把总、中军官官职，分别镇守平谷、密云、怀柔、昌平等地的关、寨、峪、口，言及：蓟之称镇，自嘉靖二十七年（1548年）始，蓟南营兵，戚继光所募，隆庆中继光守蓟门，奏练兵车七营：东、西路四营，分驻建昌、遵化、石匣、密云、蓟州，辽二营，驻三屯，昌平一营，驻昌平。每营重车百五十有六，轻车加百，步兵四千，骑兵三千。十二路，二千里间，车骑相兼，可御敌数万。

《经政志》十一《驿传》。

《经政志》：《驿传·铺附》傅云龙纂。记顺天府境，驿凡二十有七站。涉及边关所经明清时期驿站，有密云驿、石匣路、石匣驿、古北口站、怀柔驿、渔阳驿、平谷驿，各有马匹数，而每马日给费银，则因驿而异。又计有昌平、怀柔、延庆、密云、平谷等地区铺数、驿站、司兵人数，最后附"前代驿传考"，简述宋、元、明三代驿站设置、车马数字。

《故事志一·时政下》洪良品纂，缪荃孙辑，涉及明代边关的记述有：

洪武六年（1373年），命大将军徐达等备北平边，谕令各上方略。从淮安侯华云龙言，自蓟州、密云迤西两千余里关隘，皆置戍守。(《明史·兵志》)九年(1376年)，敕燕山前后等十一卫，分兵守古北口、居庸关、喜峰口、松亭关烽堠百九十六处，参用南、北军士。(《明史·兵志》)十五年（1382年）赈北平被灾屯田士卒。又于北平都司所辖关隘二百，以各卫卒守戍。二十八年（1395年），设密云诸县仓，储粮以资北征。

惠帝建文元年（1399年），文帝起兵，调营州五屯卫于顺义、蓟州、平谷、香河、三河。

(《明史·兵志》)

永乐元年（1403年），设北京留守行后军都督府、行部、国子监。改北平曰顺天府。

景帝景泰元年（1450年），八月甲申，遣侍读商辂迎上皇于居庸关。六年（1455年）六月修居庸关毕工，命工部造碑，翰林院撰文，刻置关上。

宪宗成化十二年（1476年），兵部侍郎滕昭、英国公张懋条上边备，言:居庸关、黄花镇、喜峰口、古北口、燕河营有团营马步军万五千人戍守，请益军五千，分驻永平、密云，以策应辽东。

(《明史·兵志》)

孝宗弘治八年（1495年），命兵部右侍郎王宗彝，同工部左侍郎徐贯、都御史屠勋。诣黄花镇，抵居庸关一带边关，勘验地形，平坡隘口，应修治处所奏闻。十二月，宗彝等奏：按视潮河川形势，河口东西宽百七十余丈，地皆流沙土脉不坚，城之不便，惟宜增兵戍守。其响水谷以东，直抵古北口一带，墩座稀少，宜于内各添设大墩一，每墩阔十二丈，高三尺，上置草屋，下排壕堑，遣谍者分瞭望。从之。

武宗正德十二年（1517年）八月，帝幸昌平，至居庸关。监察御史张钦闭关，三上疏。

（《皇明大政记》九）

世宗嘉靖元年（1522年），筑灰岭口城六百八十丈有奇，上常峪城减七之五，各立楼橹铺舍，命灰岭口曰镇边城。上常峪曰常峪城，调别堡军士屯守，灰岭口千人，上常峪三百人，改设守御千户所，及仓场官吏。

（《明世宗实录》）

二年（1523年）正月，诏募兵三百人，守居庸关、长峪城。十五年（1536年），帝诣天寿山谒陵。帝至沙河，见居民萧条，顾大学士李时曰：七陵在此，宜加守护。时对曰：昔邱濬建议，京师当设四辅，以武清为南，昌平为北，蓟州、保定为东、南，各屯兵一二万，今若于昌平增一总兵，可南卫京师，北护陵寝。帝乃下廷臣堪议，于沙河筑巩华城，为置戍焉。三十二年（1553年），以敌退，告谢郊庙。冬十月辛丑，京师外城成。

（《明世宗纪》十八）

穆宗隆庆中，戚继光守蓟门，奏练兵车七营：以东、西路副总兵及抚督标共四营，分驻建昌、遵化、石匣、密云；蓟辽总兵二营，驻三屯；昌平总兵一营，驻昌平。每营重车百五十有六，轻车加百，步兵四千，骑兵三千。十二路，二千里间，车骑相兼，可御敌数万。上题之。命给造费。

（《明史·兵志》）

《故事志三》兵事。刘思溥纂，缪荃孙辑。

引文概述：燕京形势雄伟，自古用武之国，自汉迄唐，均为北方重镇。"迨金、元、明建都于此，兵革侵伐，无世无之"。

兵事记载，起于周，历经秦、汉、后汉、晋、后赵、前燕、前秦、后燕、北魏、东魏、北齐、北周、隋、唐、梁、后唐、辽、宋、金、元、明、清，列述兵事情况，涉及边关不详，从略。

《延庆州乡土志》

佚名编，清末民初成书。全书三册，按历史、政绩录、兵事录、耆旧（事业、学问、人类、户口、民族、宗教、实业、地理、分区、古迹、学堂、庙宇、村落、山、水、道路、物产、商务）等内容进行编辑。

文　抄

请建空心台疏略

[明] 谭　纶

议照御戎之策惟在战守二端。故必以战则必胜，以守则必固。除战胜之事别有成议外，臣等谨以蓟昌之守言之。东起山海关，西止镇边城，地方绵亘，摆守单薄，故臣等以谓必设二面受敌之险，将塞垣稍为加厚，二面皆设垛口，计七八十垛之间，下穿小门。曲突而上，而又于缓者则计百步，冲者五十步或三十步，即筑一墩，如民间看家楼，高可一倍，高三尺，四方共广一十二丈，上可容五十人。无事则宿于台，更番瞭望；有警则守墙者附墙，守台者固台。而台之位置，又视其山之形势，参错委曲，务处台于墙之突，收墙于台之曲，突者受敌而战，曲者退步而守，所谓以守则无不固也。以台数计之，率每路该增墩台三百座。蓟昌二镇今分为十二路，其增筑墩台三千座，每一台必给官银五十两，通计废银一十五万。合无乞敕户兵二部每岁动支银五万两解送臣应节处，分发兴工。大约每岁务完筑墩台一千座。三年限以通完。其加厚边墙，添设内垛，则听臣等便宜而行。每岁仍听臣等与巡关御史将完过工程备查有无坚固堪备守御及各文武大小当事诸臣勤惰之状，分别奏请加赏罚，以示劝惩。如此则边有磐石之固，陛下无北边之忧矣。

居庸关论

[明]王士翘

居庸两山壁立，严险闻于今古，盖指关而言。愚窃谓居庸之险，不在关城而在八达岭。是岭，关山最高者。凭高以拒下，其险在我，失此不能守，是无关矣。逾岭数百步，即岔道堡，实关北藩篱。守岔道所以守八达岭，守八达岭所以守关也。由八达岭南下关城，真所谓降若趋井者。关北门外即阅武场。登场而望，举城中无遁物，虚实易觇，况往来通衢，道路日辟，虽并车可驰，故曰险不在关城也。关东灰岭等诸隘，外接黄花镇，内环寝陵，更为重地，经画犹或未详。关西白羊口号称要害，城西门外去山不十丈，而山高于城数倍，冈坡平漫，可容万骑，虏若据山，则我师不敢登城。拓城以跨山，今之急务也。长峪、横岭近通怀来，均之可虑。而横岭犹孤悬外界，山高泉涸，军士苦之。镇边城虽云腹里，亦喉舌地，川原平旷，无险阻之固，雨霁溪涨，淹没仍频，越此而南，即长驱莫遏矣。是故镇边之当守，其形难察也。此固一关险夷，然去京师咸仅百余里耳，门户之险甚于潼、剑，设大将,屯重兵,未雨彻桑之谋,其可一日不讲哉!

固藩篱壮国威以保治安民疏

[明]王士翘

嘉靖二十六年六月

巡按直隶监察御史臣王士翘谨题:为固藩篱壮国威以保治安民事。臣奉命巡视居庸等关,顷者躬同兵备副使艾希淳遍诣居庸关隘,阅视八达岭城,四望郊原,人烟稀少,惟见关门之外不逾半里内有地名岔道堡,系隶隆庆州,民居凑集,大约千有余家。路通宣、大,生意日盛,殷富颇多,足启戎心。往年虽建有土城,而卑矮可逾,倾圮过半;虽设有巡检而弓兵不过二十余名;虽协守以壮夫而往来不常,缓急莫倚。设使胡虏犯顺深入,将欲窥伺居庸,必先首及岔道,岔道之民以守则无城,以御则无兵,不望风以奔,必骈首而戮;虏既据此,则居民之居,食民之食,万一久为住牧之计以恣其垂涎之欲,即居庸闭关以拒,而旷日持久,亦将坐受其困矣。臣愚以为,居庸密迩京师,实我国家门户之险,非他关可比;虏若敢造居庸,即门庭之寇,所当利御,又非侵犯他境可方。是故居庸者京师之门户,岔道者居庸之藩篱,委岔道而不守,是弃藩篱以资寇盗,非长策也。然欲守此,非城不可、非兵不可。论者或曰修城之费财,又曰兵食之不足,臣愚于此亦虑之审矣。臣观各处关隘城堡，俱用山石修砌，甚是坚固。岔道近在山麓，登山采石尤为便易。即以本堡戍守弓兵、壮夫并役其居民而取之，所谓以佚道使民，虽劳不怨。因彼旧城，量加增补，计其工匠、木料之费不满百金，是其财之所惜者小，而生灵之所保者大也。臣又查得永宁县城相去岔道四十余里，往年因其近边，特于本城建立两卫，又于居庸关内隆庆卫所轮拨指挥一员，千、百户五员，统率军士二百五十名以备御永宁。夫永宁蕞尔之城，既有两卫官军八千余员名，又有参将、守备等官驻扎本城，何守不固，何战不克，而犹必藉于居庸区区数卒耶！所以然者，盖因先年黑峪有警，权调防守，其后年久，遂以为常。夫永宁、岔道均之隆庆州赤子也，今若挈改备御永宁官军以备御岔道，亦均之保护隆庆州赤子也，岂可彼此异视乎？取彼无益之军，卫此有生之众，亦岂待加兵而后足乎？在岔道免荼毒之害，在居庸获藩篱之固，在京师有磐石泰山之安，财不甚费，兵不加增，一举而三利存焉，亦何为而不可哉！夫关门之外非臣巡历之处，而臣独有言，何也？传曰：唇亡则齿寒。岔道其唇，居庸其齿焉。臣本驽钝，待罪三关，唇齿之忧，诚不容已。犬马之念，其何敢忘。伏望皇上轸念首关重地，察臣愚衷，敕下兵部详议，转行顺天、宣府两处巡抚都御史，再加勘议。如果卫民、固关事体两便，乞将隆庆卫原拨备御永宁官军尽数挈改专守岔道，仍听永宁参将节制；一面行委隆庆州佐贰官一员，协同备御，指挥等官督率弓兵、壮夫、居民，量给食米，同采山石。至于工食、木料，另行委官估计，或动支赃罚无碍银两，随宜区处，所费不多，跨山修砌，刻期可完。如是而守民有固志，仓卒遇警，即收敛人畜，坚壁清野，虏无所掠，自将远遁，必不能闭口枵腹以睥睨居庸。居庸既固，此京师万世之利也。虽皇上天威至重，神武不杀，素有远虑，当无近忧，顾未雨撤桑之谋在圣贤尤所不废，而宗社生灵之福于此举亦未必无小补也。

东路志总论

[明] 孙世芳

按本路之边，自火焰山至靖安堡一隅耳。未款时军门总三镇之兵抚镇道，倾全镇之力以计安东路，顾有甚于镇城与各路者，岂非以距京陵为近？若谓东路安则南山之南举安也哉，曾不思敌何由而至东路也，是必沿边不守纵之深入也，不预守沿边与各路使无深入乃俟纵之入，而后并力一路焉，计亦舛矣。况参将援兵按经制所载二千二百有奇，马骡一千四百五十匹头，时拣而岁练之，尚不足以支一路之应援乎？惟是承平日久，军士稍觉萎惰，近又苦于援辽挑选，不易召补，居常无事则乌合，卒遇有事则兽骇，是合之而来虚縻常饷，骇之而去空饱边粟。有众若此，将安用之！近虽稽查拣汰务期实济，然文告虚声不过稍比于各路已耳，此固怀隆兵备虽三经议裁而三议复之，诚念重地终不可缺者也。至于市井多亡命之徒，衙门滋党结之利，墟落潜流徒之奸，部伍多耗消之弊，每见殊于他镇，所最当设法整饬之者也，若谓疏合河口以挽芦沟之运，聊黑山头以续蓟镇之边，应俟后来，今固未可轻议焉。

南山志总论

[明] 杜齐名

南山者东路之南也。东路之南则腹里矣，乃亦联城列戍以为边者，以其一带之边，为防护山陵耳。夫各路不守而后急东路，东路失据而后急南山。南山急则本城何为哉？据边东起四海冶之火焰山，西抵怀来南之合河口，无论断崖削壁，几二百余里，即本地为墙者亦百二十余里矣，又南北适与昌平相对待而共表里，故所谓大小红门，东西灰岭则皆蔽山陵之前以名之者也。为营城二十四，为寨九，为楼百有八十，为台又百八十八，腹背相依守者，不患无险矣，参将所辖守操千把总以及坐营官兵各备焉，首尾联络，守者不患无将矣。顾额军前不具论，就今经制所载六千五百有奇，马骡驼总之不下九百九十三匹头，中间除塘拨走递外尚有六百四十余匹头，近虽迫于援辽军马挑选之苦，所幸存者倘无虚冒。一墙之外别无分土，专力乘障邀击非所事也耶。沿边如海子口、诖炮儿、韩家口、灰岭、柳沟、大小红门等处,最称冲要防御,尤宜加意焉。火焰山之旁所不接蓟镇之边者,桃树庵百丈墙耳。往时三镇推诿,经数十年无肯任者,非难于墙,为难于守也。近倚宣镇完局矣,然临事必三镇共力同心。庶几无失,万一可虞,讵可独责宣镇乎?

怀隆兵备道题名记

[明] 张　镐

国家定鼎燕京,西北出居庸,而怀隆永治,实维后屏也。由怀南度横岭,穿白羊,即京师右辅,与王带都陵寝攸宅者相密迩焉。嘉靖庚戌之变,敌众从白羊北逋,视隆、永之红门诸口及四海之南通黄渤者,均为要害。予自丙辰岁,由分守口北道参议以侍御李有池公建议,转怀隆宪副,设险南山。团练勇敢,责任最重,厥命维新,乃躬诣南山,陟巘降原,经营是力。即以所请帑银饬具程材,鸠工兴众,以岔道当居庸吭背,即堡为城,易土以石,崇其陴土带,高其闳闳,迤西抵龙爬山,迤东尽四海冶,皆联墩山立,共二堡之可创易者,凡筑墩四百六十有七,亘高垣墩,垣内外长壕限隔,品窖从横,居常戍役七人,秋防紧急则各增置百一十人,乘垣而守陴者,又百十余人。一切五兵炮具咸足备击刺,仍张官置长日夜逻视,怀之联墩列戍,视他加密,而主以旧墩之列城上者，每蒸火扬旗列墩响应。又惧守墩者逼于山麓，艰得井泉，俾之远汲舍外，非计也。爰命工凿井五，皆穿至二、三百尺，水潢出，戍者居者咸赖之。其为战士则购勇敢，先得千人，能投石超距，有董一奎者，前忠节游击旸之子。予器其有食牛气，会请俾率多士。一奎果淬砺自效，东防西战，所至克捷。无何予迁抚臣，乃奏荐一奎充游击将军，联墩戍者以火器击之，一奎复身先士卒迎战隆庆，斩前哨敌百，伐其兵谋。比秋又有龙虎村之战，斩馘尤多，敌众弃甲抱创而逃，人心共快焉。此尤近昔事未有者，予固不尽纪也。夫以敌之入，寇势若奔流，梗之以墩垣，限之以壕窨，枭鸷之将，勇悍之士，又或负垣以批其吭，或扬威以牵其尾，敌虽悉众而至，不敌明甚。噫嘻！险可以待暴客，虽谓之金汤可也。士可以御勍敌，虽谓之熊罴可也。人险称最，战守相须，然后怀隆永治，足以当陵寝之后屏。而钟虡不警，畿辅晏然，帝心其载宁矣。达兵机，洞边隐者，谓设南山之险，增游奕之兵要之，有防护社稷之功，不可以语言争，今渐验矣。此则有池公之先智而大司马默斋许公、方溪江公、中丞凤泉张公先后堪议题覆，功亦居多。予则并力以成其志焉耳。复因旧衙拓新之为怀隆道署，即成，不可无记。匪以兵宪之设，衙署之建，自予始为记也。记南山之有险也，记怀隆之有兵也。险设矣而不时葺治之，久或圮塞；兵足矣而不时训练之，久或耗弱。今继予者郭龙冈氏，能使戍守之法，团练之规，较若画一，而予始事之心惬矣。继龙冈者复如龙冈之继，予则藩垣益固，臣子一念报君，卫国之心又将绵绵于不穷，斯固作记意也。

宣镇东路舆图说

[明] 秦 霖

谨按：宣镇为燕京右辅重地，载有全志诸路图迹，俨然犁然。而兹舆图之刻也，合南山东路而一之，视旧志加详焉。霖生维楚，职属蚁臣，曷容置喙，唯是唠叨。一命参军妫水，猥承院道府加意筹边，虑先桑土，日相擘画，以底于成，谬谓霖有直肠尽公之念，于是四载间，四奉檄委，凡我东路之边垣，工程必核焉，戍卒饷糈必稽焉。至若勤惰，若良楛，注之尺籍，每岁一开报焉。其北分，而西北竟靖安堡，中若石城峪、黑汉岭、周四沟、黄土岭、刘斌堡，边墙一百八十里余。又自永宁城起，西分，而西南竟桃花，中若延庆、怀来、土木、沙城、新旧保安之属，迂回又数百余里，俱隶之东路参戎焉。夫怀来实四顾要地也。途则有坦易，有险峻。坦易者犹可控辔，而至其险峻者，则鸟道崎岖，蹑屦为艰，非可藉资于徒隶时掖者也。乃不惮喘汉而陟其巅，静定而扼其概一。登火焰山望之，而神京在前，宫阙在目，是京师以火焰为后屏也。东顾而蓟镇在左，西顾而昌镇环右，南山崔巍崒嵂，拱抱陵寝，龙之蟠，虎之踞，美哉山河之固，天之所以界限华彝，抑何雄也！旋而极目苍茫之野，毳帐毡裘聚落之居，系昔燕昭赵武秦皇汉帝出塞擒敌，长城万里。噫，真伯王之伟略乎。缅维我文皇帝，宏谟天授，旷然观域外，乘三驾之余威，定鼎燕都，又开辟来一大肇造也。此岂蝼蚁小臣所敢仰赞涓埃哉。夫古今谈建都，最胜者莫若秦晋帝王之墟。至宋虽天中而偏安贻患，故儒者披往牒，侈言二都，山川盛而风水奇，然终如孙绰赋天台，特仿佛之耳，彼何曾亲履其地而一寓瞩也。惟胜国刘秉忠得形家秘密，谓万山一派，起自昆仑，峋出孤宗，分行八极，乾、坤、坎、离及兑归绝域而西通瀚海，艮、震与巽三条入中国，而五岳分支。悉哉其言之矣。再考辽金史，谓会州之北，有木叶山，南北千里，东西七八百里，委折而南，则万马奔腾，澶漫而抵开平，为上都；迤逦至大都，则今之燕京，乃元之上都也。自是隐嶙磅礴，背荒裔而奔中夏，历独石、马营、龙门、纡徐起伏，为黄花、古北、火焰、灰岭、柳沟、红门、居庸诸山，以拥护天寿。邃矣哉！文皇都燕以此右辅地，其开创规模，复出汉唐之上，而陋宋室不足道，真亿万年不拔之洪基也。以是论之，宣镇东路为陵京最要害区也，审矣。当其未款以前时，则文武大臣更番御敌，怀来则制院主之移镇，驻节，宿重兵期间。延庆则抚院为政，永宁、岔道则总戎副府，分闼砺山带河,扼要争奇,隐然天堑,屹矣金汤。迩时,恃款贡而喈哤,乘积玩偈,因循而鳞介,动此院道府之所,为图于未形,惕于伏莽,遂戒严武夫弁土,而城郭楼橹之理屹屹无宁岁也。霖每奉檄而往,核工则睹其补蔽者、增饬者、特创者,崇墉栉次,雉堞森如械,跳梁之手足,勿或内衅而外讧,刮猘噬石之肺肠,从此消萌而杜衅维屏,维翰险而加岩,俾神京享磐石之安,万邦允为宪矣。顾霖四载涉历无地不到,无地不周匝指点,竭蹶辛勤用以副委任之德意。其中任怨任劳,不无纵訾,总期无负乎院、道、府为国如家之心可质诸鬼神天地,即诸执事亦奉行惟勤,若亚旅疆以之于茅索绹而编栈固御之必周也。间有一二集诟阛闉之俦,义不急公,心惟营窟,得幸遁于明宪,终不能逃于阴谴,而可尽付之天道无知也耶?夫边塞之患,亘古为然,由临洮而至辽阳,延袤广远,与敌裂地而居,何地无险?何险不可守?顾山川之险,我与敌共之,垣墉之险,繄惟我专之。专者我不使分,共者惟我所据,亦何外侮之足虞哉?易曰:王公设险以守其国,正此之谓矣。守者何?积米菜,缮器械,储辎辒,谨烽燧,稽冒滥,实士马,精简练,明赏罚,数者一或不足,是即以人之国侥幸也。但就数事而酌之,今诸边之急务,则莫急于足兵。乃今之兵政则何如矣?籍姓名则有兵,征发则鲜应也;支资粮则有兵,警报则鲜备也。督抚按议增屯,议招集犒赏则有兵,敌突出抄卤求以争先，驰骤堵截御却之则鲜赴也；边镇所辖，耀武扬威则有兵，对垒而委大将于原野，求以伏奇制胜，则无前也。其所需喝夸张者，选骑耳，家丁耳。居常既无生聚之术，临急而即欲多方招募，皆市儿游棍不可用也。吁，岂直宣镇为然哉！今九边之弊，得无类是乎？辽左之难，非前车欤？至若全镇诸路，其褒衣博带，操文墨而游宦者，可屈指数。其饫兜鍪而跗注者，尽土著也。赏延奕世，与国同休，聚卢托处，长子孙于此，则筑城浚池，非直为公，盖为尔私计。果其一乃心，竭乃力，干济国家，而勿贪一时之染濡，致遗身后之冤孽。睹辽左之覆，独不可鉴殷而早计之乎？是惟在长人者劳以成爱，威以济宽，重惩贪冒，勿纵诡随，凛凛驭朽，莫或因循姑息以益其敝，戍边方其有豸乎。若犹未也，今方恃款忘备，武事寝弛，将军骄卒惰，闻敌神悸魂摇。近若援辽之役，一军甫行，妻号子啼，所在恐惧。目击此景，有能执干戈以卫社稷者乎？有能贾余勇而赴难者乎？脱有中行说、刘守光之徒，攘臂一呼，而我能御之者乎？使如穆庙之世，乘敌人之内变计，使诸敌缚赵全诸逆党，令其赎罪求款，又绝无仅有者也。讵可恃耶？至若土木之猝，覆贾鉴之。走敌往事也。而滴水闯边。车敌叛去，非近事之炯戒乎。抑霖更有进焉。昔武侯阴平之戒，毖矣，而蜀人忽焉，竟至缠兵之入。梁方平犁阳师溃，而斡离不辈遂渡河而薄汴，此所为有险而不守，与无险同者也。曩者英庙蒙尘,独石、马营不守,而六师雁惨,紫荆、白羊一破,而九门婴锋。世庙临御四十五年,而宣镇之受躁躏虔刘者,何岁无之。往年前抚院汪建钺宣镇,轩轺所到,曾指滴水崖石为填星之精,而源源本本似乎开混沌之窍,泄扶舆之蕴,至于请饷疏奏,寝脱巾之变。非所为卓绝者乎。按部而审,张家口特筑来远城,真所谓扼敌之吭,而拊其背矣。若上西北路之独石、云州、葛峪、青边、大小白羊诸堡,下西南路之膳房、柴沟、左右卫、洗马林、怀安、东西顺圣诸城,皆交错敌窟,素称充隘,倘尽能以彻桑之心,聿修边备,加意提防,使边氓有生之乐,士卒无死之忧,可不谓功德之鸿巨者乎?霖所为深抱杞忧而附于宋人之子,虑及墙壤也。客有谦愚者曰:尔且僭矣。尔幺麽小吏,而议论喋出,倘指摘尔者,而加罪谴焉。其将何辞以谢!霖曰:不然。昔唐代之时,郃模辫发裹席,以献纳于君,鲁婺妇不恤其纬,而忧宗周。夫食土之毛,谁非王臣?利病所在,诸人例得直言。况霖厕籍卫幕,岁縻官家,受主者特达之知,不思罄此一得之愚,以杼忧盛危明之念,曾一男子一婺妇之不如,宁不愧此须眉哉!语曰:小人言而君子择焉。是在有封疆之责者,谋野询刍,取斯图说,而盼睐之如彼飞虫,时亦弋获寺人巷伯君子听焉。客曰:若然。则此图之刻也,信而有征矣。是敢为之琐言。

议处关外隘口以重屏蔽疏

[明]郑　芸

嘉靖二十一年十二月

巡按直隶监察御史臣郑芸谨题：为议处关外隘口以重屏蔽事。臣窃惟关隘之设，因天地自然之险而补塞其空隙，大则关城，小则堡口，守之以官军，联之以墩台，遇有警报，各守其险，远近内外势实相倚，防微杜渐，计甚严密。重关叠嶂，贼且望风而却，恐截其前，恐摄其后，而不敢深入。法之初立，至善也，亦至周也，使时修理以不失其险，慎防守而不失其初，互相屏蔽，不分彼此，又何外患之足虞！夫何升平日久，玩偈政多，关隘内外，势绝不同。以居庸一关言之，自八达岭以南，该关管辖，臣所巡视之地。自岔道堡以北，俱隆庆、保安等州，永宁、怀来等卫，非臣所管地方也。臣于嘉靖二十一年十月内奉命前往该关巡视，自八达岭出岔道堡，经由怀来地方至火石岭而入，阅视横岭等口，由外以观内，历览其要害，则见其内外关隘奚啻坍全之不同。八达、岔道势相联属，八达岭则修理完固，军人全备，营房、城垣无不可守。岔道则城栅军少，全不足恃。至于火石岭等口，有口之名，无口之迹，堆石不过数行，高厚不过二尺，军止三四名，器械无一件。随据居庸关分守官钱济民禀称，关外堡口不但岔道、火石岭等处坍坏如是而已。自白羊口山外怀来卫地方，原有瑞云观、棒椎峪、东棒椎峪、西羊儿岭、大山、小山及火石岭凡七口；居庸关东路山外永宁卫地方，原有大红门、小红门、柳沟、塔儿峪、西灰岭、东灰岭、火烧岭、井泉、韩家庄、谎炮沟、张家口凡十一口，俱各大坏尽坍。正统、正德年间白羊等处失事，根因实在于彼。臣乃问之彼处来见各该守备等官，则曰关外各堡口旧规修理数处，会行钱粮无措，废弛日久矣。臣不胜惊骇。藩篱已撤，内关何恃？失今不处，临事莫支。但地方非臣该管，废弛又经年久，难便查究。为今之计，宜照巡视居庸等关事例，专给敕一道付彼处巡按监察御史，或暂另差一员、严督各该官员、各该衙门，将关外各隘口通行修理，拨军守把。每口不过数十名，难以如法操演，量著照依内关守口军人遵依敕谕事理，分班采办石灰等料应用，及时修理墙垣等项，实为便益。其营房、廨舍，动支官钱起盖，以便防守。及照怀宁地方以南，紫荆、倒马关之西一带直至故关等处，关外各隘口不系臣巡视地方者，俱合查处，专敕彼处巡按御史兼管巡视。庶责成专而综理周密，外隘固而内关足恃矣。如蒙乞敕兵部，速议施行，边关幸甚，京畿幸甚。

极冲隘口恳乞圣明亟赐议处未尽事宜以足防守以保万全疏

[明]陈学夔

嘉靖三十二年七月

巡按直隶监察御史臣陈学夔谨题：为极冲隘口恳乞圣明亟赐议处未尽事宜以足防守以保万全事。臣惟胡虏之患，自古为然，所恃以捍御者，诸关之险而已矣；守险之议无日不讲，所贵乎万全者，责实之务而已矣。有险而不能悉守，与无险同，有议而不务责实，与无议同。臣以庸才，谬膺明命，巡视居庸等关，陛辞以来，早夜忧惶，虑无以称此艰大之责。顷者公同各该地方官员凡系关隘城堡去处逐一亲行阅视，虽即今紫荆迤西一时巡历尚有未遍，其自昌平州以至镇边城一带地方，臣已沿边履岭，靡不周历。窃见得天险虽设，人谋未臧，控扼者不可以尽非其地，而会要所在，或区画而欠详；建白者不可以尽非其言，而当事诸臣，或阻挠而中止。是以兵力徒分而防范不足，议论虽多而成功则少，此臣之所以目击心苦而不得不预陈于君父之前也。臣请一一为陛下详言之。如渤海所则正关城、慕田峪、贾儿岭；黄花镇则本镇口、鹞子峪、西水峪；居庸关则灰岭口、门家峪、青龙桥、石峡峪、化木梁、糜子峪；镇边、横岭等城则立石口、窖子顶、火石岭、大石沟、柳树洼、庙儿梁、堂儿庵皆称要害，无一处非通贼之路，则亦无一处非可守之险。然而镇边、横岭诸隘则系外口，尤为极冲者也。臣尝登巅四望，见其外通怀来，土坡平漫，车马驰骤，至不崇朝，原无重岩深溪以为之限，今日之可为隐忧而将贻后来之大患者必在于此。然外口虽多，内惟高崖一口乃其必由总路。但高崖地形宽广，虽筑城驻兵亦难堵截。惟其中有三要路：镇边城、东北街、马跑泉是也。盖虏贼由卧子头、禾子涧则可抵马跑泉；出北港口西北街则可抵东北街；二路有警则不必犯镇边而已径达高崖，过此即长驱莫遏矣。今惟镇边城添设参将、展城募兵，而东北街止有军士一十八名，马跑泉向无议守，此非前人伐谋者容亦有遗算乎？然二路必须创立城堡，增设官军，防秋之时添拨客兵，协力据守，方足恃赖。顾机已失于彻桑，临时而欲为迂远之图，缓不及事，势已切于拯溺，及今而早为权宜之计，犹保无虞。合无将前经略侍郎杨博题奉钦依召募军士内拨一千名分布二路，各选委有勇略指挥、千户一员统领防守；一面容臣会同巡抚都御史吴嘉会，委官估计该修城垣、合用工料、应增官军各若干数目，另议题请定夺。但所谓召募者尤有说焉。夫愚下细民见利而动，必须有所歆诱而后能兴起其忠义之心。以召募三千计，衣、鞋、营房之费不过一万伍千两，朝廷惟正之赋本以养兵卫民，为费不多，岂可惮惜。今该部乃推之于巡抚赃罚措置，夫沿边郡邑，军多民少，词讼原无，赃罚何从而积？以故任事者掣肘而不敢言，应募者闻风而复解散，有体国之诚者固如是乎！不特此也，原议全支本色粮草，盖以本城荒僻，地土硗瘠，不堪树艺，客商绝少，又无贩粜，建议者不为无见也，而迄今仍支折色。原议兑给马五百，盖以本城虽该多设步兵，而哨探传报必资于马，今止有马八匹，而太仆寺迄今不见兑给，臣不知各该臣工何所见而故为阻挠？如此，甚非所以竭忠贞而怀安攘者也。再照正关城内即慕田峪，外即夷人驻牧营帐，止有军士十五名；本镇口外通四海冶，城堡孤悬，今止有军士七名，门家峪即陵寝山后，官行大路外通永宁，曾经失事，今止有军士三名，官以守灰岭者兼摄；灰岭口逼近陵寝，外连塔儿峪，川原平坦，人马可行，虽设有把总一员，军士止有五十余名；青龙桥、石峡峪等处亦系外口，即正统年间虏贼出没之处，为口一十有八，军士共止二百名。前项地方俱宜防秋之时，行令渤海所参将调一军于正关城驻扎；黄花镇守备调一军于本镇口驻扎；门家峪增设一管口官，兼管石城峪，量添军士二十名；灰岭口，行令巩华城分守带领所部兵马于此驻扎；青龙桥等处，行令居庸关分守带领主客兵马相机分布。如此，则处处有守，人人思奋，虏虽悖逆，无能为矣。此非臣一己之见，盖尝询之佥谋，参之舆论，酌之事势，必如此而后可以为万全之计也。矧今虏气益骄，是惟不来，来必得志；我兵日怯，是惟不出，出必挫折。节奉部院勘扎，开称降人供报声息重大，所谓月圆要抢，此其时也。失今不为之处，万一黠虏乘虚，如果分锋四向，而我为谋之疏一至于此，不知何以御之。且各该地方实系陵寝藩篱、京师门户，倘致意外之变，他日虽责臣以不言之罪，加诸臣以不职之诛，亦以晚矣。臣本无所知识，待罪边疆，偶有一得，冒昧上尘。如蒙敕下兵部，再加详议，如不以臣言为谬，委之寝格，速为题覆，见之施行。及查照先经略侍郎杨博所议，召募银两、本色粮草、兑给马匹，通应题请仍依原拟。更乞戒谕各该部、寺诸臣，不可自分秦越，坐失事机。若复阻挠，必诛不宥。庶诸臣知所儆畏而相倡以同舟共济之风，则边备益见周详，而不至有临渊羡鱼之悔矣。臣愚幸甚，宗社幸甚，地方幸甚！臣无任恳切祈望之至。缘系极冲隘口、恳乞圣明亟赐议处未尽事宜、以足防守、以保完全事理，未敢擅便，为此具本，专差百户李著赍捧谨题请旨。

《四镇三关志》序

[明] 杨 兆

　　昌拥九陵而护神京，蓟在左腋之间，绵亘二千里，带甲十万，文武将吏画地而守。垣而外三卫牧其中，向背靡测，逆则要结酋虏而用为乡。虏如闯关而入，蹂躏郊圻，震惊达于内，故要害视诸镇称至剧。辽悬山海之外，三面当虏，将士拥盾而食，奄忽突至，跃马横戈，虏去复如故。盖必战之国，物力钝利亦略相当，保据紫荆之险，外扼云中，与辽为左右辅，利害差缓。然啮肘及腹，联络捍卫，固东西两冯翊云。庚戌往无论，其后烽火日棘，以厪天子，征兵集饷，增陴缮垣，贤人深谋于廊庙，经略使者数出，日夜谈干旄之事，画制胡之策，焦神极虑，人言言殊，丽如繁星，烂乎胠中。于是合车骑之阵，通转输之利，创崇台之险，高下相望，棋布岳峙，经制骎骎备矣。余劻勷之暇，搜往事，半放缺不收，长老宿将往往犹口之，奈何当吾世而失载。事阙鸿谟远猷弗述，堕劳臣烈士弗载，忽经制疆圉乘障缺而不录。于是与大司马白川刘公，稍稍摭谱牒、收遗事，以付北平刘君效祖。刘君受事夙夜，略溯殷周，迄于胜国，存其大者，详自庚戌以来，诸谈兵家，撮其要删著于篇，凡建置形胜、旅骑刍糗、夷落才贤部署，合数十百万言。为纲十，目三十。疆场万里，二百年注措，若聚米观火，瞭瞭股掌矣。乃总其凡曰《四镇三关志》，志全镇也。关中杨兆曰：善哉乎人之言曰："前事不忘，后事之师"也。不观《四镇三关志》，与耳食何异？夫狶膏棘轴，不运方穿；弓胶昔干，不传疏罇。而要之惟在任人，然镜往所以制变也。故略载经制今昔之会，著疏论之要，犁然决策之林也。遂录帙观，来者俾得考焉。

万历丙子四月吉

赐进士出身通议大夫资治尹奉敕总督蓟辽保定等

处军务兼理粮饷兵部左侍郎兼都察院右佥都御史关中杨兆撰

《四镇三关志》序二

[明] 刘效祖

国家大一统，其定鼎燕畿者何也？燕接胡塞，成祖尝三犁其庭者也，所谓万世之业也。其谓四镇三关者何也？四镇：曰蓟也，曰昌也，曰保也，曰辽也；三关：曰居庸也，曰紫荆也，曰山海也。皆京兆左右辅地也，左右辅，内地也，非边也，非边，非镇也。其谓镇者何也？自嘉靖庚戌始也。何始庚戌也？庚戌房阑古北口，直薄都门，蓟始谓镇也。始设督府，总三镇摄之也。其志者何也？北海刘公、关西杨公相次督四镇事者也。欲借此以讨军实也。其属余不佞者何也？二公以余不佞为都人士，习四镇事，故以属之也。余不佞即受役则何以志也？间取三关及郡邑旧乘为条刺之也。不足，则取诸诸司所藉记补缀者称倍也。为纲者十，为目者三十，目无论也。纲首建置形胜者何也？堪舆位定也，封壤区分也，内外华夷莫有辩于此者，不得不先之也。次军旅粮饷骑乘者何也？训武在兵也，足兵在食也，骑乘所需以驰载，亦不可缓也。次经略制疏者何也？频年诸部使征缮是急，日讨求而申饬之也。至以播之纶绰、腾之疏告者，皆为关镇计也。次职官才贤者何也？朝廷设官分职，莫重于边吏也。乃骋绩勒名者,毋论文武,不可谓无人也。终之以夷部者何也?凡为关镇计以御虏也。虏入则关镇不宁,不入则关镇宁,其桴革所从,不可不预知也。起草者何时也?万历甲戌冬也。杀青者何时也?万历丙子夏也。余不佞自谓志虽成,其疏略抵牾固所不免也。何也?余不佞才识黯浅,撰述非其任也。且部署辟易也,谱牒湮汤也,即镜考无从属目也,虽智者莫如之何也。或又谓余不佞曰:"子志关镇,今关镇可特书者何也?"余不佞曰:"蓟镇之亭障车队也,昌镇之林薄郦衍也,皆金汤之利也。保镇拟二镇而渐举之者也,亦将有成效也,独辽镇不能具险,其士卒则骁建也。数得当虏,而露布岁有闻也。"或又曰:"三瓦弗陈,物理则然也。今四镇有轶事否也?"余不佞曰:"何谓无之也。蓟之募军未集也,卫卒不减也,岁费如临敌时也。昌之陵卫虽严也,东山口或可议也。真保外为平原,内径则多疏也。其备不独在紫荆也。辽之宁前,虏时伺人于道傍也。输挽告艰,海运即莫之与复也。此皆其崖略,不能缕缕数也。余不佞杞人也,知忧天者也。疑言无藉,于时非所知也。然则奈何?"曰:"集众思,广忠益,则关镇诸部使者事也。"

万历丙子夏四月吉

赐同进士出身中宪大夫前陕西固原兵备按察司副使都门刘效祖序

燕山勒功碑

[明]汪道昆

兵部侍郎汪道昆《燕山敕功碑》 万历元年

先帝元年，虏入燕代。乃召少司马谭纶、大将戚继光自闽粤入计，治兵京师。适不佞得谢东游，与行会，请曰："司马雅自负，务以七尺躯肩国家！时乎，时乎，在此行也！"即入见。帝愿闻，先资之言。司马正色而作，曰："明二祖威行匈奴，振古无与比。比承平久，疆事凌迟，虏一旦生心，无可为缓急。当事日无从颂而受法，狼顾不遑日夜，幸得免于其身，恶能胜其任而愉快也？往海寇起，东南日操兵，赖二三臣任之，不十年而兵息。此中迄今无任者，顾安得息肩所乎？陛下幸而召臣，臣诚不足以奉庙略。请得练士十万，问罪匈奴中，归则治屯田，兴盐法，收富强之实，保世无境外忧。此陛下神武之师皇祖之遗烈也。次者，予臣五万卒，使得一当匈奴百，臣躬擐甲胄，为将士先，俘馘万计，将令匈奴不敢南牧，遗中国数十年之安。此卫、霍之勋，汉武之业也。不得已而予三万，非敢必有功，完缮收保以待虏来，同有可乘，幸得一击，为赵牧，不亦可乎？三者，臣请以不肖之躯任之，顾陛下任臣何如耳？"不佞举手加额曰："壮哉！世儒多持文墨议论，司马宁能概于其心？顾邀惠宗庙社稷之灵，使司马得志，不佞请以单车出塞外，为司马铭狼居胥耳遂。司马行矣！"既而司马出蓟门，居督府，莅大将,练诸将兵。先是,蓟门治兵垂二十年,兵卒不治。诸将率资巧臣,上下相蒙。司马更约束,日讨诸将而训之曰:"吾所以来,直欲将耳。往者诸将失守,罪在督府一人。虏至则督府不威,诸将恣睢自若。今吾得诸于上矣,虏至,诸将不用命者,悉殉军中。帅事毕,悉当诸将罪状以闻,然后乃课督府。尔曹勿操故智,吾受三尺,不避不臣!"诸将退相语曰:"公必欲驱诸将尝匈奴,此直废匈奴一镞耳。即诸将暴骨沙漠,于中国何益哉!"司马以将律之不臧也,士气之不作也,乃上其状,请以勇敢倡之。乃遣裨将胡守仁、李超募南兵三千,如期至。会天雨,待命于郊。雨自朝至中,军容益肃。诸将慑服,无敢言。司马宣言曰:"虏来,吾恃战与守耳。虏恃不畏风雨,非车战我众且不能自坚。其四面列车为营,中驻步骑各一旅,遇虏,则车上火器悉发,自数百步外先□之。稍近,则辕下出步兵,排击虏马。虏而乘胜逐北,乃出骑兵。各审其宜,三者互用,此以守而战者也。悉徐武宁以挞伐开国,至其缮东北围也,不遗功能。比年有事边墙,费至钜万,修不容足,高不足以跑跛羊,露众乘墙,不避风日。虏长驱墙下矣,交集睥睨间,此非石人,恶能旬月守也?其跨墙为台,高五丈,周二十丈,台中可驻百众。为三重阶,中为疏户以居,上为雉堞,皆可用武。日举火出台上,瞰虏方向,高下皆以兵当陴,械器刍粮不徙而足。此以战而守也。"于是司马

燕山勒功碑（十面碑）

以便宜请江陵相君从中赞其议,悉许之。诸将大恐,曰:"公信然耶?吾侪无死所矣!"乃布蜚语辇毂下,阻挠百端,听者不聪,辄言其非。司马自劾求去。其略曰:臣孜孜为战守备。臣自知无所用,请得归休。如必用臣,终不以人言败大计。时江陵方倚办司马,会有诏,司马任事如故,屏流言。司马部署主客兵,分部伍,习技击,弓矢炮石,干橹戈矛,各称其力,车骑卒伍,各程其才。乃度土宜,议版筑,计周垣三千余里,当筑台三千,顾力诎举嬴,第先其要害者千有二百。召诸将皆来会,以大义谕之。因地分工,群力毕作,程期始毕,台若先成。司马亲巡工,察诸将殿最。乃开幕府,置高会,宴赏有差:最者坐两楹,次者在庑,次者在门,殿者坐外。比再举,则人以壮丽相高,县仅发十万缗,工事毕矣。如以工力计,可当百二十万缗。三年、四年,东西虏聚谋犯蓟,侦者得我战守状,西酋惴惴持两端,乃卜之巫。巫言不利,虏寻散去,帅诸部纳款称臣。于是言者多司马功,请得久留督府勿他徙。先臣方以禁兵属司马,进御史大夫,会台工告成,复进大司马。今上初即位,首召司马入典本兵,遣大臣行边,修先帝之业,畿辅以东重镇臣,自督府、中丞、大将而下,至今奉司马约法勿敢渝。辽东数有战功,紫荆关并大有备,皆司马之遗策也。事毕,当事者请曰:"往大司马当多口之秋,任非常之事,卒之建万世之利,事半而功倍于古人,不战而殆虏谋，五年于兹矣。此在兵法，非所谓善之善者欤？请伐燕山之石，以从子大夫久要之言。"于是不佞为之勒铭，志其颠末。铭曰：

明明穆宗	有怀万国	乃召司马	至自海隅	司马遄行
奉身自先	三策毕举	惟帝所须	发言盈庭	司马议格
乃眷左辅	授以兵符	矫矫元戎	实惟宿将	受成司马
简练师徒	司马既东	登坛历将	亟需天庑	而后朝铺
彼已无良	狖狖群吠	譬之始发	或趹之胡	帝眷孤忠
无稽勿听	尔修旧服	待尔奏肤	乃征锐师	以倡勇敢
三千组练	发自东吴	乃立刑名	各司其局	功无□赏
罪不逭诛	乃饬戎车	爰整二旅	骁骁列骑	赳赳征夫
乃治火攻	神器先□	雷电交作	无坚不渝	乃陈五兵
因材受器	铦锋利镞	肃慎是吾	乃缮台垣	设险以守
金城天府	以隆上都	乃度土工	普寸群力	功逾九仞
费则锱铢	乃告成功	言言翼翼	分兵列戎	永矢无虞
肆彼犬羊	从自内间	累累却步	屏蹟穹庐	酋首款关
愿为臣妾	比于荒服	旅币来输	惟帝念功	召还司马
入掌邦政	先辅皇舆	周之中兴	厥有方叔	威加獯狁
社稷是扶	帝德明威	莫来不服	无庸薄伐	坐至匈奴
简在一人	则惟司马	三秋主事	百世来模	司马之功

周《雅》靡载　建元贞观　孰敢同途　奕奕燕山

蟠我甸服　史臣纪事　扬扢讦谟

说居庸关

[清] 龚自珍

居庸关者,古之谭守者之言也。龚子曰:疑若可守然。何以疑若可守然?曰:出昌平州,山东西远相望,俄然而相辏相赴,以至相愿,居庸置其间,如因两山以为之门,故曰疑若可守然。关凡四重,南口者下关也,为之城,城南门至北门一里;出北门十五里,曰中关,又为之城,城南门至北门一里;出北门又十五里,曰上关,又为之城,城南门至北门一里,出北门又十五里,曰八达岭,又为之城,城南门至北门一里。盖自南口之南门,至于八达岭之北门,凡四十八里,关之首尾具制如是,故曰疑若可守然。下关最下,中关高倍之。八达岭之俯南口也,如窥井形然,故曰疑若可守然。自入南口城,鐾有天竺字、蒙古字。上关之北门大书曰:"居庸关,景泰二年修。"八达岭之北门,大书曰北门锁钥,景泰三年建。自入南口,流水啮吾马蹄,涉之玐然鸣,弄之则忽涌、忽洑而尽态,迹之则至乎八达岭而穷。八达岭者,古隰馀水之源也。自入南口,木多文杏、苹婆、棠梨,皆怒华。自入南口,或容十骑,或容两骑,或容一骑。蒙古自北来,鞭橐驼,与余摩臂行,时时橐驼冲余骑颠。余亦抖蒙古帽,堕于橐驼前,蒙古大笑。余乃私叹曰:若蒙古,古者建制居庸关之所以然,非以若耶?余江左士也,使余生赵宋世,目尚不得睹燕、赵,安得与反氄者相挞戏乎万山间?生我圣清中外一家之世,岂不傲古人哉!蒙古来者,是岁克西克腾、苏尼特,皆入京,诣理藩院交马云。自入南口多雾,若小雨,过中关,见税亭焉,问其吏曰:今法网宽大,税有漏乎?曰:大筐小筐,大偷橐驼小偷羊。余叹曰:信若是,是有间道矣。自入南口,四山之陂陀之隙,有护边墙数十处,问之民,皆言是明时修。微税吏言,吾固知有间道出没于此护边墙之间。承平之世,漏税而已,设生昔之世,与凡守关以为险之世,有不大骇北兵自天而降者哉!降自八达岭,地遂平,又五里曰岔道。

后　记

长城是我国重要的地理和文化标识，是中华民族的精神象征，是长城文化带最重要的载体。《长城艺文录》作为《京华通览》丛书"长城文化带"系列的一个分册，从《北京志·世界文化遗产卷·长城志》中辑选而成，同时参阅了侯仁之先生主编的《北京历史地图集》（1—3卷），以及其他古代文献、典籍，透过这些诗文、碑刻，以期让更多的读者了解长城所蕴含的深厚文化。

在书稿编纂过程中，谭烈飞先生从体例、框架上给予了指导及建议，于虹女士对文字进行了润色，长城爱好者吕兆海先生提供了精美的图片，在此一并表示感谢。

限于资料及编者水平，书中难免有错误，敬请读者批评指正。

编　者

2017年12月

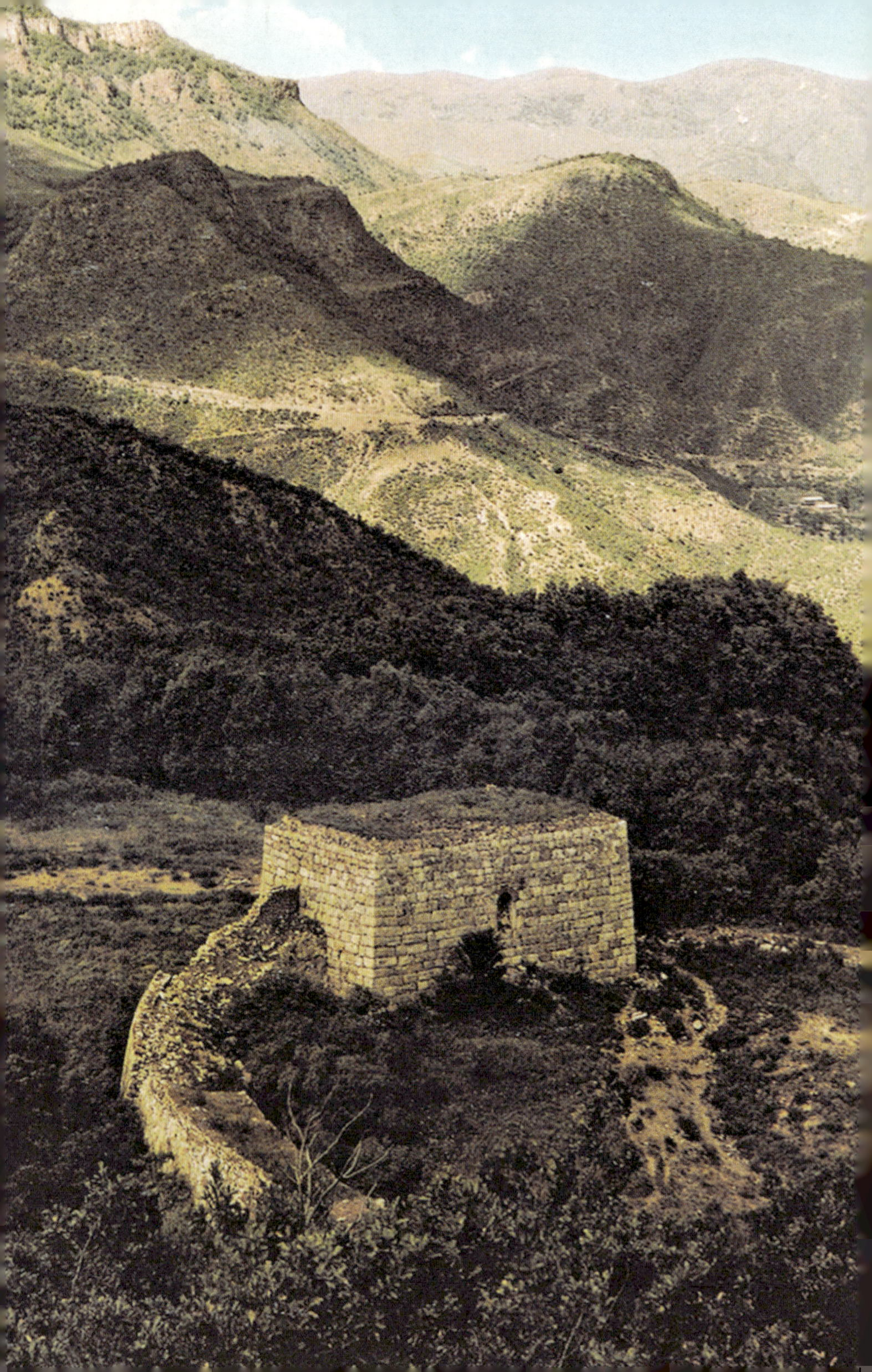